이화유치원
교육과정 운영의 실제

만5세 ❶ 즐거운 유치원

이화유치원

교육과정
운영의 실제

만 **5**세

① 즐거운 유치원

이화여자대학교 사범대학 부속이화유치원

(주)교 문 사

머리말

올해로 97년의 오랜 역사와 전통을 자랑하는 이화유치원은 우리나라에서뿐만 아니라 전 세계에서 탁월한 유아교육을 실행하는 유치원으로 높이 평가받고 있습니다. 이화유치원은 이에 긍지와 자부심, 책임감을 가지고 있으며, 무한한 가능성을 가진 유아들이 바르고, 착하고, 아름답게 자랄 수 있도록 최적의 교육환경과 교육과정을 제공하기 위해 항상 노력하고 있습니다. 더 나아가 미래사회를 책임질 유아들의 건강한 성장과 발달을 위해 끊임없이 새로운 프로그램을 개발하고, 유아교육의 질을 제고하기 위한 연구를 지속하여 유아교육 발전을 선도해 가고 있습니다.

유아의 성장 및 발달에 적합한 환경과 교육과정으로 질 높은 유아교육을 충실히 실행하는 것이 이화유치원의 중요한 사명 중 하나라면 또 다른 중요한 사명은 유아의 발달 및 유치원 교육과정, 교수방법, 교육환경 등에 관한 연구를 수행하고 그 결과를 출판하여 보급하는 것입니다. 이에 따라 이 책 『이화유치원 만 3, 4, 5세 교육과정 운영의 실제』는 이화유치원의 중요한 사명을 성공적으로 완수해 낸 결과물인 것입니다.

이화여자대학교 사범대학 부속이화유치원에서 1992년과 1995년 두 번에 걸쳐 『만 3, 4, 5세 어린이를 위한 유치원 교육과정 운영의 실제』를 출판한 지 어느덧 16년이 지났습니다. 2004년에 이화유치원 창립 90주년 기념행사를 성황리에 개최한 이후 새로운 『만 3, 4, 5세 유아를 위한 이화유치원 교육과정 운영의 실제』를 출판하기 위한 준비 및 집필 작업을 계속해 왔고 드디어 2011년에 출판하게 됨을 매우 기쁘게 생각합니다.

『이화유치원 만 5세 교육과정 운영의 실제』의 1학기 생활주제는 「즐거운 유치원」, 「나」, 「봄」, 「가족」, 「동물」, 「동네와 지역사회」, 「여름」이고, 2학기 생활주제는 「교통기관」, 「우리나라」, 「환경보호와 소비생활」, 「가을」, 「겨울」, 「유치원 졸업과 초등학교 입학」입니다. 기존 만 5세 교육과정 운영의 실제에서 제시한 생활주제 중 「세계 여러 나라」의 교육 내용을 각 생활주제로 나누어 삽입했고, 「즐거웠던 여름방학」을 「여름」으로 통합했습니다. 그리고 「교통기관」

과 「환경보호와 소비생활」을 새로운 생활주제로 추가했습니다.

『이화유치원 만 5세 교육과정 운영의 실제』는 동일하게 3개의 장으로 구성되어 있습니다. 1장에서는 각 생활주제 선정의 의의와 교육 목표를 소개했습니다. 생활주제에서 다루어야 할 학습 내용을 2~5개의 주제로 구분하고, 주제별로 교육 목표와 내용을 설명했습니다. 2장에서는 교육환경에 대해 소개했습니다. 원내와 교실의 흥미 영역을 교육 내용에 적합하게 구성하는 방법을 설명했고, 사진을 실례로 소개했습니다. 3장에서는 생활주제에 적합한 교육활동을 주제별로 소개했습니다. 교육활동의 전개 방법에서는 유아들이 흥미를 가지고 능동적으로 참여하여 교육 내용을 이해하고 학습할 수 있도록 하기 위해 교사가 만 5세 유아들의 발달 수준, 지식, 경험 등에 적합한 교육적 대화를 어떻게 나누는지를 소개하는 데 중점을 두었습니다. 이 책에 수록된 교육활동을 현장에서 실시할 때 도움이 되도록 교사의 질문 및 언어적 상호작용을 구체적으로 자세하게 기술하였고, 내용을 쉽게 이해할 수 있도록 사진 및 삽화를 수록했습니다. 활동 시 참고할 사항을 Tip으로 제시했고 유의점에 주의해야 할 사항을 설명했습니다. 또한 확장활동 및 관련활동을 제시하여 교육활동들 간의 연계성을 강조했습니다. 부록에는 주간교육계획안과 일일교육계획안의 예시를 수록하여 실제 교육계획안 수립 시 참고할 수 있도록 했습니다.

이화유치원에서는 교육과정의 학습경험 설정 및 효과적 조직에서 요구되는 세 가지 준거—계속성(continuity), 계열성(sequence), 통합성(integraty)—를 갖추고자 지속적인 연구와 노력을 거듭하고 있습니다. 이 책에서는 만 3, 4, 5세 교육과정 간 계속성, 계열성, 통합성에 초점을 맞추어 연구·개발된 새로운 생활주제, 주제 및 교육활동들을 소개했습니다. 또한 본 유치원에서 지난 10여 년간 실행해 온 각종 연구들—기본생활습관교육, 소비자교육, 극놀이, 요리활동, 종일반 프로그램, 수학교육, 리더십교육, 언어교육, 동작교육, 문학교육, 전통문화예술교육—을 통해 새롭게 개발된 생활주제, 주제 및 교육활동들을 이 책에 소개했습니다. 기존 『만

5세 어린이를 위한 유치원 교육과정 운영의 실제』에 수록되었던 활동들의 경우, 최근 유아들의 발달적 특성, 요구, 흥미에 적합하게 또한 시대적 변화와 요구에 부응할 수 있도록 수정 · 보완해서 소개했습니다.

　그동안 이 책이 출판될 수 있도록 도와주신 여러 분들께 머리 숙여 감사를 드립니다. 먼저 『이화유치원 만 5세 교육과정 운영의 실제』를 함께 집필해 주신 이화유치원 전 · 현직 교사들─오지영, 강경미, 곽진이, 김혜전, 이누리, 전우용─께 감사를 드립니다. 유아교육 발전을 위한 이화유치원의 사명을 완수하기 위해 지난 몇 년간 주말이나 공휴일은 물론이고 방학에도 쉬지 못하면서 이 책의 집필 과정에 참여해 주신 여러 분들의 헌신적 노력은 유아교육의 역사에서 오래 기억될 것입니다. 이 책의 집필 과정에서 여러모로 도움을 주신 이화유치원 전 · 현직 교사들─최수연, 강지영, 최지은, 정은화, 박보람─께도 깊은 감사를 드립니다. 또한 이 책을 출판해 주신 (주)교문사 류제동 사장님, 정용섭 부장님을 비롯한 직원 여러 분들께도 진심으로 감사를 드립니다.

　끝으로 이 책이 출판될 수 있도록 간접적으로 도와주신 분들께도 감사를 드립니다. 그동안 유아교육을 공부하는 학부생 및 대학원생, 유아교사, 유아교육학자, 유아교육 전문가 및 행정가, 심지어 학부모들께서도 이 책이 언제 출판되는지를 문의하고 출판을 서둘러 주기를 부탁하셨습니다. 『이화유치원 만 3, 4, 5세 교육과정 운영의 실제』를 하루 빨리 출판해 달라는 많은 분들의 요청이 저희들에게 든든한 힘과 격려가 되어 주었기에 이 자리를 빌려 감사의 마음을 전하며, 여러분들께서 기대하신 만큼 큰 도움 받으시기를 바랍니다.

2011년 7월 25일
집필진 대표 홍용희

차 례

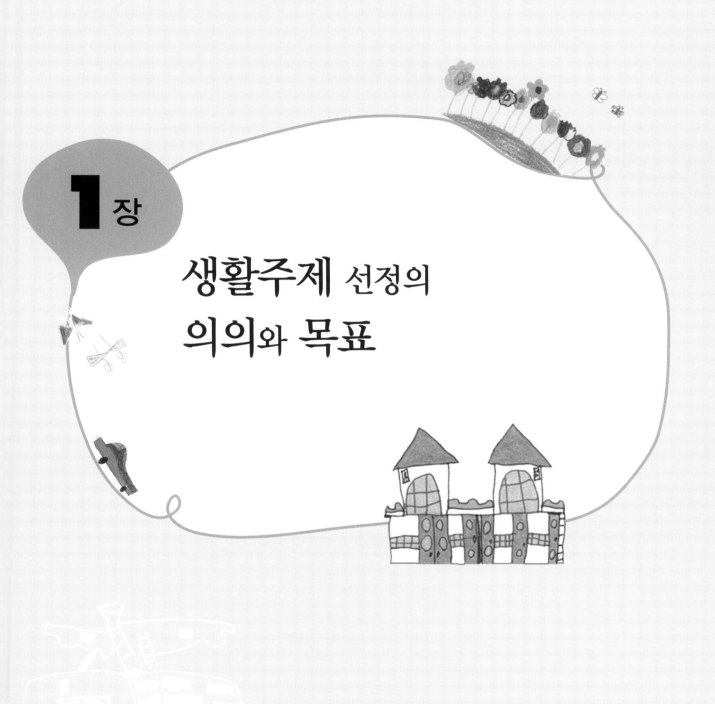

1장

생활주제 선정의
의의와 목표

1장

생활주제 선정의 의의와 목표

1. 생활주제 선정

유치원은 유아들이 가정을 떠나 새로운 집단 생활을 경험하는 곳이다. 그 동안 가족 공동체 안에서 가족 구성원들과 생활해오던 유아들은 친구들, 선생님들과 함께 유치원이라는 공동체 생활을 시작한다. 다른 기관이나 학급에서 생활한 경험이 있는 유아들도 새로운 학급환경에서 또 다른 공동체 생활을 시작한다. 유아들이 낯선 유치원 생활에 잘 적응하기 위해서는, 유치원을 즐거운 곳이라 여기고 친구들, 선생님과 바람직한 관계를 형성해야 한다. '즐거운 유치원' 생활주제는 유아들이 여러 친구들과 사귀며 즐겁고 안전한 유치원 생활을 할 수 있도록 선정되었다.

2. 주제 및 목표 선정

'즐거운 유치원' 생활주제는 '나는 ○○○반 어린이', '○○○반의 선생님과 친구들', '유치원에서의 즐거운 생활', '유치원에서의 안전한 생활', '이화 유치원' 으로 구성되었다.

생활 주제	주 제
즐거운 유치원	나는 ○○○반 어린이
	○○○반의 선생님과 친구들
	유치원에서의 즐거운 생활
	유치원에서의 안전한 생활
	이화유치원

각 주제별 교육 목표 및 교육 내용은 다음과 같다.

주제	분류	목표 및 내용
1. 나는 ○○○반 어린이	교육 목표	• 학급의 구성원이 되었음을 이해한다. • 교실 내 각 흥미 영역의 특징과 놀이방법에 대해 안다. • 교실의 흥미 영역에서 즐겁게 놀이한다. • 학급 구성원으로서의 소속감을 갖는다.

주제	분류	목표 및 내용
	교육 내용	'나는 ○○○반 어린이' 주제는 유아들이 유치원 생활에 안정적으로 적응해 나가면서 유치원 학급 구성원으로서의 나를 인식하고 학급에 소속감을 가질 수 있도록 선정한 주제이다. 유아들이 자신이 소속된 학급을 알고 물리적 환경을 탐색하도록 한다. 학급에 구성된 각 흥미 영역을 탐색하고 흥미 영역에서 할 수 있는 놀이에 참여해보면서 유치원 생활을 즐겁게 시작할 수 있도록 한다.
2. ○○○반의 선생님과 친구들	교육 목표	• 유치원에는 친구들, 선생님들이 있음을 안다. • 유치원에서는 여럿이 함께 생활해야 함을 안다. • 나의 권리와 의견을 존중하는 동시에 다른 사람의 권리와 의견도 존중한다. • 나의 감정과 행동을 적절히 조절한다. • 학급 구성원 간에 지켜야 할 예절을 지킨다. • 친구들과 사이좋게 지낸다.
	교육 내용	'○○○반의 선생님과 친구들' 주제는 유아들이 학급 구성원에 대해 알아보고 친구들과 바람직한 관계를 형성할 수 있도록 선정한 주제이다. 이 주제에서 유아들이 다른 사람의 모습이나 생각이 나와 다름을 알고, 다른 사람들을 존중하며 배려하는 태도를 가질 수 있도록 한다. 또한 남과 더불어 살아가기 위해 나의 욕구나 감정을 적절히 조절하는 능력을 기를 수 있도록 한다. 유아들이 새로운 환경에 성공적으로 적응하기 위해서는 첫 번째 주제의 교육 내용인 물리적 환경에 대한 탐색과 더불어, 함께 지내게 될 구성원과의 긍정적인 관계를 형성하는 것도 중요하므로 본 주제는 '나는 ○○○반 어린이' 주제와 함께 생활주제가 전개되는 초반에 실시한다.
3. 유치원에서의 즐거운 생활	교육 목표	• 유치원에서 이루어지는 다양한 활동을 할 수 있음을 안다. • 유치원에서 다양하고 재미있는 활동에 즐겁게 참여한다. • 유치원에는 여러 사람이 함께 사용하는 교구가 있음을 안다. • 유치원의 하루 일과에 적응한다. • 놀이를 스스로 계획하고 평가한다. • 유치원에서 즐거운 마음을 갖는다.
	교육 내용	'유치원에서의 즐거운 생활' 주제는 유아들이 유치원에서 이루어지는 다양한 활동에 관심을 갖고 즐겁게 참여하도록 선정한 주제이다. 유아들이 실내·외 자유선택활동 및 대·소 집단활동에 참여하면서 유치원에서의 하루 일과를 즐겁게 여기고 유치원 생활에 적응해나갈 수 있도록 한다. 또한 유아들이 다양한 놀이 경험을 토대로 스스로 놀이를 계획하고 평가하는 과정을 통해, 자율성과 독립심을 기르고 유치원 생활을 주도적으로 할 수 있도록 한다.
4. 유치원에서의 안전한 생활	교육 목표	• 유치원에서 안전하게 생활하기 위해 약속과 규칙이 필요함을 안다. • 유치원 시설의 바른 사용법을 안다. • 집단 생활에 필요한 약속과 규칙을 잘 지킨다. • 유치원의 시설을 바르게 사용한다. • 유치원의 시설을 안전하게 사용하는 습관을 기른다.
	교육 내용	'유치원에서의 안전한 생활' 주제는 유아들이 유치원의 시설을 바른 방법으로 이용하고 유치원 생활에 필요한 규칙을 준수함으로써 유치원에서 안전하게 지낼 수 있도록 선정한 주제이다. 유아들이 새로운 물건과 시설에 대한 올바른 사용법을 숙지하지 못한 상태에서 놀이를 하는 경우, 안전사고가 일어날 가능성이 크므로 학기 초에 안전한 생활 습관을 형성하는 것은 중요하다. 따라서 유아들이 유치원에서 즐겁고 안전하게 생활하기 위해 규칙이 필요함을 이해하고 이를 지킬 수 있도록 교육 내용을 구성한다. '유치원에서의 안전한 생활' 주제는 생활주제 전개 초기에서부터 지속적으로 실시하도록 한다.
5. 이화유치원	교육 목표	• 이화유치원에는 여러 학급이 있음을 안다. • 이화유치원의 특징과 자랑거리를 안다. • 이화유치원의 역사에 대해 안다. • 이화유치원의 친구들, 동생들, 선생님들과 즐겁게 지낸다. • 이화유치원의 구성원으로서 소속감과 자부심을 갖는다.

주제	분류	목표 및 내용
	교육 내용	'이화 유치원' 주제는 유아들이 유치원에 대해 알아보면서 유치원 공동체의 구성원으로서 소속감을 느끼고 자부심과 긍지를 가질 수 있도록 선정한 주제이다. 유아들이 다른 학급 구성원들과 긴밀한 유대감을 가짐으로써 유치원 생활을 즐겁게 하고, 유치원에 대한 주인 의식과 자긍심을 가지도록 하는 데에 중점을 두어 활동을 전개한다.

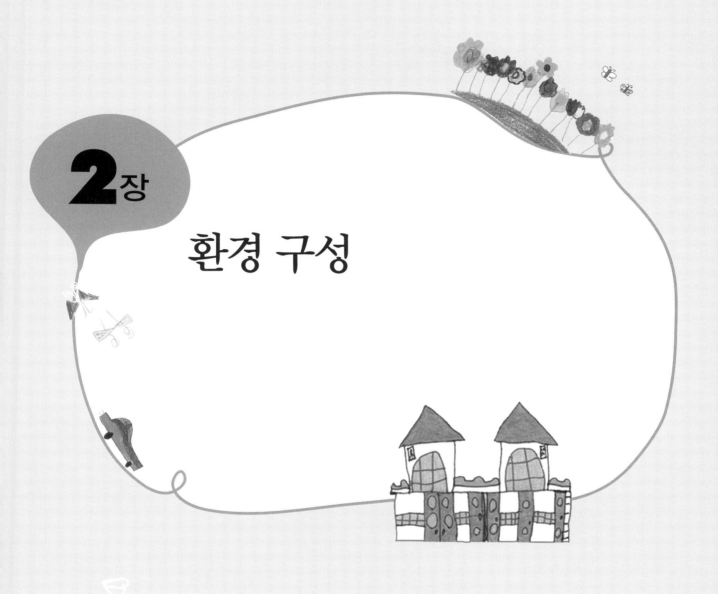

2장

환경 구성

2장

환경 구성

1. 실내 환경 : 현관, 복도

1) 게시판

현관 게시판에 유치원 교육활동과 관련된 각종 안내사항을 게시한다. 연령별로 안내 내용이 다를 경우, 해당 학급 표시 그림을 사용하여 학부모들이 각 학급과 관련된 안내사항을 쉽게 확인할 수 있도록 한다. 학기 초 게시판에는 개학일, 신입 원아 부모 모임, 부모 집단면담, 분반 및 단축수업 일정 등을 안내한다. 또한 급·간식 식재료의 원산지를 매일 게시한다.

3월 유치원 현관 게시판

2) 복도 벽면

복도 벽면은 유아들의 유치원 생활 모습과 유치원의 모습, 지난 해에 실시되었던 각종 행사·학사들에 관한 사진을 전시하여 일 년간의 유치원 생활을 소개한다. 또한 유아들이 각 학급에서 그린 첫 번째 그림을 벽면에 전시한다.

전년도 행사·학사 사진

첫 그림

그 밖에 원장실, 서무실, 교무실, 주방, 유희실, 시청각실, 도서실, 각 학급 교실 및 참관실, 화장실 등 유치원의 각 시설에 표지판을 붙인다.

3) 복도 영역

유아들이 학급 이외의 공간에서 다른 학급의 친구들과 만나 함께 놀이할 수 있도록 복도에 공동 놀이 영역(복도 영역)을 구성한다. 놀이에 대한 유아들의 흥미, 유치원의 중요한 행사나 일정 등에 따라 언어 영역, 수학·조작 영역, 역할 놀이 영역, 상상 놀이 영역, 각종 전시 공간 등으로 교체한다. 학기 초의 경우 편안하고 아늑한 분위기를 조성하기 위해 언어 영역으로 구성한다.

복도 영역에 구성된 언어 영역 전경

4) 개인장

유아가 스스로 물건을 정리할 수 있도록 복도에 유아 개인장을 제공하고 서랍에 이름을 붙인다. 교사는 사전에 유아 이름을 종이에 적어 장에 붙여둔다. 유아들이 유치원에 등원한 첫날, 학급을 표시하는 그림(예: 무궁화, 진달래, 개나리)에 각자 이름을 쓰게 한 뒤 교사가 붙여둔 이름표를 떼어낸 자리에 바꾸어 붙이게 한다. 서랍장 안에는 유아들의 작품, 여벌옷 등을 보관하며 옷걸이, 실내화 및 실외화를 보관하는 곳을 각각 마련한다.

유아 개인장

5) 교육 계획안 게시판

부모들이 주간 교육 계획, 하루 일과 계획 및 교육활동의 실제를 살펴볼 수 있도록 교실과 가까운 복도 벽면에 주간 교육 계획안 및 일일 교육 계획안을 게시한다.

교육 계획안 게시판

2. 실내 환경 : 교실

- 생활주제 : 즐거운 유치원
- ○○○반 흥미 영역 배치도　　　　　○○○○학년도 ○월 ○주 ~ ○월 ○주

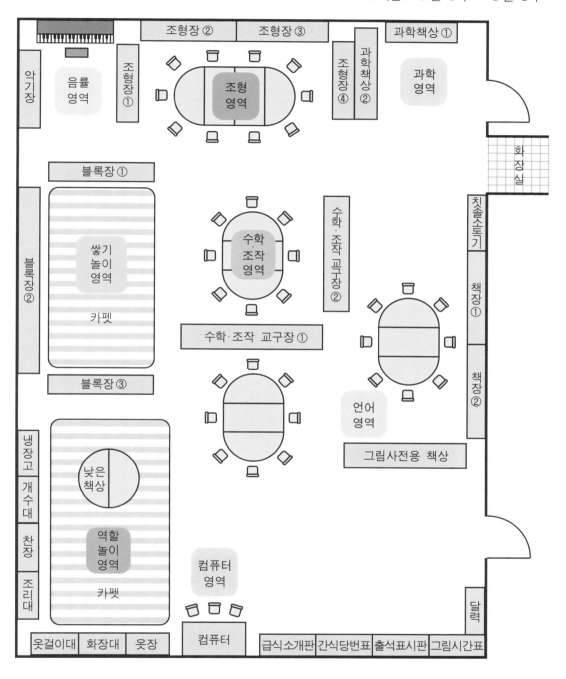

1) 교실 벽면

(1) 교실 문 학급 표시 및 학급 소개판

각 학급을 표시할 그림 및 글씨를 교실 문에 붙인다. 교실과 가까운 복도 벽면에 학급 유아들의 개인 사진과 이름을 붙여 놓아 유아들이 같은 학급에 어떤 어린이들이 있는지 알고, 학급에 대한 소속감과 친밀감을 느낄 수 있도록 한다.

교실 문 학급 표시

학급 소개판

(2) 출석 표시판

유아들이 유치원에 등원하는 대로 이름표를 붙이는 출석 표시판을 교실 입구에 준비한다. 이름표 앞면에 유아의 이름을 쓰고 사진을 붙여 이름표를 쉽게 식별하고 새로운 친구들의 얼굴을 익힐 수 있도록 한다. 벨크로테이프, 자석 등을 이용하여 유아들이 이름표를 출석 표시판에 쉽게 떼었다가 붙일 수 있도록 한다. 출석 표시판은 생활주제에 관한 그림으로 교체하여 준다. '즐거운 유치원'에서는 유치원 건물 그림과 학급을 상징하는 그림이나 축소한 유아들의 조형작품을 출석 표시판으로 활용할 수 있다.

유치원 배경 출석 표시판   유아의 작품을 활용한 출석 표시판

(3) 그림시간표

교실 입구에 유아들이 하루 일과를 파악할 수 있도록 그림시간표를 게시한다. 그림시간표의 그림은 유아들이 활동하는 모습이 잘 표현된 그림이나 사진으로 한다. 실제 활동하는 모습을 사진으로 찍어 사용하면 유아들의 관심을 유도할 수 있다. 분반활동을 할 경우, 같은 칸에 활동 그림 두 개를 나란히 붙여 각 활동을 번갈아 하게 됨을 알린다.

그림시간표

(4) 급·간식계획표

간식과 급식의 식단을 안내하는 급·간식계획표를 교실 입구에 게시한다. 간식의 경우 간식의 종류와 양을 표시하여 유아들이 알맞게 간식을 덜어 먹을 수 있도록 하고, 급식의 경우 급식 조력 학부모들이 배식을 하므로 밥과 반찬, 국의 종류를 표시한다. 유아들이 오늘은 누구의 부모님께서 배식을 하러 오시는지를 알 수 있도록 급식 조력 학부모 계획표도 함께 게시한다.

급식계획표

급식 조력 학부모 계획표

간식계획표

(5) 칫솔, 양치컵 살균 소독기

만 5세 유아들은 유치원에서 매일 급식을 하므로, 점심식사를 마친 후 양치를 할 수 있도록 필요한 도구를 준비한다. 유아가 가정에서 준비해온 칫솔과 유치원에서 제공하는 양치컵을 살균 소독기에 보관하여 유아들이 위생적으로 양치하고 관리할 수 있도록 한다.

(6) 활동 장소 표시판

교육활동은 활동의 특성에 따라 각 학급 교실 이외의 장소에서 이루어지기도 한다. 이 경우 유아나 부모, 다른 학급 교사들, 참관생들이 이동한 장소를 알 수 있도록 교실 문 앞에 활동장소 표시판을 걸어 놓는다. 각 장소로 처음 이동하여 활동하는 날, 유아들에게 활동장소 표시판을 보여주고 표시판이 나타내는 장소와 표지판의 사용방법을 소개한다.

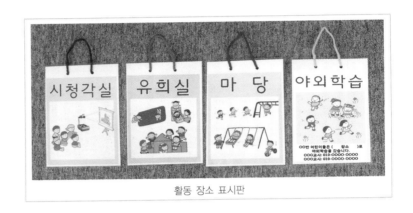

활동 장소 표시판

(7) 달력 및 날짜 표시판

유아들이 쉽게 알아볼 수 있도록 숫자의 크기가 큰 달력을 유아의 눈높이에 맞게 건다. 달력에는 그 달에 생일이 있는 유아의 사진을 해당하는 날짜에 붙인다. 유치원 행사가 있는 날에는 유아들과 함께 달력에 글씨를 쓰거나 그림을 그려 표시한다. 하루 일과를 알려 주는 그림 시간표 근처에 유아들이 오늘의 날짜를 찾아서 붙일 수 있는 날짜 표시판을 게시한다.

달력 및 날짜 표시판

(8) 동물 먹이 바구니

유아들이 집에서 가져온 동물 먹이를 담을 수 있는 바구니를 준비한다. 바구니 위에는 유치원에서 키우는 동물과 동물이 먹을 수 있는 먹이 그림을 붙인다. 바구니에 보관한 동물 먹이는 유아들이 당일 실외자유선택활동 시간에 동물들에게 준다.

(9) 잃어버린 물건 바구니

유아들이 자신의 물건을 찾아갈 수 있도록 잃어버린 물건을 한 곳에 모으는 바구니를 준비한다. 학급별 바구니 외에 공동 영역에도 바구니를 준비하여 실외, 복도, 유희실 등에서 분실한 물건을 담아둘 수 있게 한다. 교사는 수시로 이를 확인하고 공지하여 물건을 찾아갈 수 있도록 한다.

동물 먹이 바구니 및 잃어버린 물건 바구니

2) 흥미 영역

(1) 언어 영역

① 읽기 영역

유치원 적응에 관한 그림책, 친구에게 관심을 가질 수 있는 그림책, 유치원 생활을 안내하는 그림책, 신체와 신체의 각 부분의 명칭과 기능에 대한 과학 정보 그림책, 계절과 연관된 그림책 등을 제시한다. 언어 영역에는 소파나 방석을 비치하여 아늑하고 편안한 분위기를 조성하고 그림이 있는 동시나 짧은 이야기가 있는 그림자료를 벽면에 게시한다.

언어 영역 전경

② 쓰기 영역

유치원, 나와 친구에 대한 사진 또는 유아의 얼굴과 이름을 적은 화보를 만들어 쓰기 영역에 게시한다. 유아들이 화보를 보고 그림을 그리거나 글자를 써 볼 수 있고, 화보를 복사한 종이를 오려 붙인 후 글자를 써보도록 한다. 쓰기 영역 벽면이나 책상 위에 연필을 바르게 쥐는 방법에 관한 화보를 게시하여 유아들이 연필 쥐는 방법을 익힐 수 있도록 한다.

이름 쓰기

③ 말하기 영역

말하기 영역에 손인형과 인형극장 틀을 제시한다. 유아들이 손인형을 이용하여 다양한 이야기를 구성하고 극활동을 할 수 있도록 한다. 유아들의 흥미와 관심에 따라 동화나 동극활동 자료를 제시해도 좋다.

④ 듣기 영역

듣기 영역에는 그림책과 함께 교사가 그림책의 내용을 녹음한 듣기자료, 카세트테이프 플레이어를 제시하여 유아들이 녹음자료를 들으며 그림책을 볼 수 있도록 한다. 카세트테이프 플레이어는 유아들이 스스로 조작할 수 있도록 단추에 색깔 스티커를 부착하고, 각 색깔의 의미를 설명한 표시판을 벽에 게시하여 단추의 기능을 알 수 있도록 한다.

녹음자료 들으며 그림책 보기

(2) 쌓기 놀이 영역

쌓기 놀이 영역의 영역 표시판과 유아들이 쌓기 놀이를 하는 모습, 정리 정돈을 하는 모습, 완성한 블록 구성물 등의 사진 또는 화보를 벽면에 게시한다. 쌓기 놀이 영역 바닥에는 카펫을 깔아 소음을 줄이고 유아들이 집중하여 놀이를 할 수 있도록 한다. 쌓기 놀이 영역의 교구장에는 유아들의 정리정돈을 돕는 교구들의 밑그림이나 사진을 붙여준다. 학기 초 쌓기 놀이 영역에는 유니트 블록, 종이 벽돌 블록과 함께 끼우기 블록, 구슬 굴리기용 블록 등을 제시한다. 이와 함께 모형 자동차, 버스·오토바이·비행기 등의 소품도 제공한다.

쌓기 놀이 영역 전경 및 교구장

(3) 역할 놀이 영역

역할 놀이 영역의 기본환경으로 개수대, 조리대, 화장대, 서랍장, 옷장, 냉장고 등의 장과 그릇, 음식, 수저, 주방기구, 거울, 전화기, 화장품, 빗, 모자, 탁자, 의자 등의 가정 놀이를 위한 각종 소품을 제공한다. 교사는 놀이를 관찰하며 유아들의 요구와 흥미에 따라 역할 놀이 영역의 주제 및 환경을 바꾸고 교구를 교체하거나 첨가한다. 만 5세 유아들의 경우 환경을 구성하는 과정에 유아들이 적극적으로 참여할 수 있도록 지원한다. 유아들과 의논하여 빼고 싶은 교구와 보충해야 할 교구를 정한 후 새로운 놀이를 위한 환경을 함께 구성해 나간다.

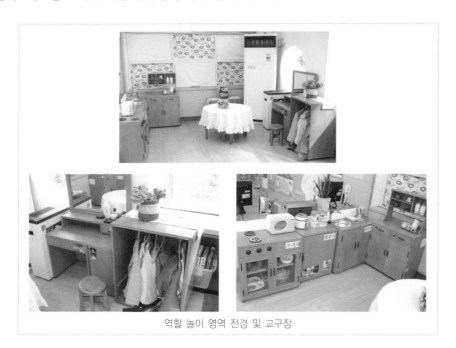
역할 놀이 영역 전경 및 교구장

(4) 수학·조작 영역

수학·조작 영역에는 생활주제와 관련된 다양한 교구들을 제시한다. 유치원 생활과 일상 생활 습관을 지도할 수 있는 내용의 개인용 조작 교구와 소근육 및 기초적인 인지능력 향상을 도울 수 있는 교구를 제시한다. 또한 친구들과의 관계를 형성하는 데 도움을 주는 그룹게임 교구를 제시하여 같은 학급 친구들에 대한 관심을 갖도록 도와준다. 교구는 쟁반이나 바구니에 담아 교구장에 제시하여 유아들이 쉽게 꺼내고 정리할 수 있도록 한다. 교구를 담은 바구니와 교구장의 제 위치에 같은 자리 표시 그림을 붙이면, 유아들이 교구를 교구장의 바른 위치에 쉽게 정리할 수 있다.

수학·조작 영역 전경 및 교구장

수학·조작 교구 자리 표시

(5) 과학 영역

과학 영역에는 유아들에게 호기심을 유발시키는 교구들로 다양한 돋보기, 사면체 거울, 양팔 저울, 치아 모형, 모래시계, 망원경, 요술경 등의 교구를 제공한다. 학급에서 애완동물을 기르는 경우 동물을 돌보는 방법과 주의점 등에 대하여 유아들과 이야기나눈 결과를 관련자료와 함께 게시한다.

과학 영역 전경

(6) 조형 영역

유아들이 여러 가지 재료를 이용하여 조형 활동을 할 수 있도록 다양한 재료 및 도구를 준비한다. 기본적인 조형 재료에 자리 표시 그림 또는 사진을 붙여 주어 유아들이 스스로 정리정돈할 수 있도록 한다. 책상면을 보호하기 위해 책상에 작업보를 덮어 두고, 유아들이 활동할 때 입을 수 있는 작업복을 준비한다.

- 그리기 도구 : 물감, 붓, 물통, 매직, 사인펜, 네임펜, 크레파스, 색연필, 붓펜, 연필, 지우개, 색깔별 종이, 모양별 종이(예: 동그라미 · 네모 · 세모 등), 이면지, 신문지, 한지, 두꺼운 종이, 미농지, 주름지, 색종이 등
- 만들기 도구 : 가위, 풀, 무독성 목공본드, 본드받침, 스테이플러, 펀치, 셀로판테이프 등
- 만들기 재료 : 다양한 크기의 플라스틱 통, 종이상자, 수수깡, 빨대, 펜뚜껑, 색톱밥, 등나무줄기, 차잎, 도토리깍정이, 목련꽃눈, 모루, 솜공, 빵끈, 스팽글 등
- 점토용구 : 점토, 점토판, 찍기틀, 밀대 등
- 정리 도구 : 소형 빗자루, 쓰레받이, 물걸레 등

조형 영역 전경 및 교구장

(7) 음률 영역

다양한 종류의 악기를 준비하여 악기장에 배치하고 유아들이 스스로 정리정돈할 수 있도록 자리 표시 그림 또는 사진을 붙인다. 교실 내 비치되어 있는 피아노 이외에 실로폰, 핸드벨 등의 멜로디

악기와 탬버린, 캐스터네츠, 방울 등의 리듬악기를 다양하게 제공한다. 음률 영역 벽면에는 각종 악기의 사진이나 연주회 포스터 등의 자료를 게시한다.

음률 영역 전경

음률 영역 교구장

(8) 컴퓨터 영역

　모니터, 본체, 키보드, 마우스, 프린터 등을 구비하여 컴퓨터가 작동할 수 있도록 준비한다. 유아들과 컴퓨터 사용 약속에 대한 이야기를 나누고 약속 표시판을 컴퓨터 영역에 게시한다. 교육활동과 관련한 정보를 알고자 인터넷을 사용할 때에는 교사와 함께 사용하며 교사는 유해 차단 프로그램을 설치해 둔다.

컴퓨터 영역 전경

3. 실외 환경

실외 환경은 유아들이 활발한 신체활동뿐만 아니라 실내에서 할 수 없는 여러 가지 활동(예: 자연환경 관찰, 동·식물 기르고 관찰하기 등)을 할 수 있으며, 실내 활동을 실외 활동으로 지속·확장시켜나갈 수 있도록 구성한다. 놀이기구와 놀잇감은 계절이나 생활주제, 유아들의 발달 정도와 흥미, 요구에 맞추어 단계적으로 제시한다.

실외 환경도 실내 환경과 같이 유아들이 마음껏 자유롭게 뛰어 놀면서 대근육을 발달시킬 수 있는 동적인 활동(예: 그네타기, 미끄럼틀 타기, 자전거 타기, 축구하기 등) 영역과 자연현상을 조용히 관찰하고 탐색할 수 있는 정적인 활동(예: 물·모래 놀이하기, 동·식물 기르고 관찰하기 등) 영역을 고루 구성한다. 실외 환경을 구성할 때에는 영역 또는 놀이기구 사이의 통로를 충분히 두어 다른 활동을 방해하거나 방해받지 않고 유아들이 안전하게 활동할 수 있도록 한다.

(1) 자연 생태 관찰 영역

유아들이 일상에서 다양한 동·식물 및 자연환경을 탐색하고 관찰할 수 있도록 실외 환경을 구성한다. 유아들이 유치원의 동물을 돌보거나, 식물의 씨앗과 모종을 심고 가꾸면서 생명의 소중함과 신비로움을 느끼도록 마당 곳곳에 다양한 종류의 나무와 풀꽃을 심고, 텃밭에는 채소를 심어 재배한다. 식물을 기르는 데에 필요한 거름이나 퇴비로 이용할 수 있도록 음식 쓰레기, 잡초, 낙엽 등을 넣고 썩혀 두엄을 만드는 두엄자리를 마련한다. 또한 동물장에 있는 토끼, 닭, 오리, 공작비둘기 등의 동물을 기르고 관찰할 수 있도록 한다.

- 각종 일년초, 다년초, 관상수, 유실수: 개나리, 진달래, 목련, 철쭉, 연산홍, 무궁화, 자귀나무, 쥐똥나무, 회향목, 단풍나무, 벚꽃나무, 플라타너스, 사과나무, 배나무, 은행나무, 소나무, 전나무 등
- 재배용 채소: 배추, 무, 고추, 상추, 깻잎, 방울토마토, 딸기, 감자, 고구마, 옥수수, 가지, 호박 등

텃밭

두엄자리

(2) 물·모래 놀이 영역

모래 놀이 영역은 유아들의 통행에 불편을 주지 않는 곳에 구성한다. 모래 영역에는 햇볕이 적절히 들도록 하여 밝고 따뜻한 분위기를 조성하고, 그늘이 생기도록 하여 유아들이 쾌적한 분위기에서 놀이할 수 있도록 한다. 유아들이 놀이를 마친 후 이물질이 쌓이지 않도록 모래 위에 덮개를 덮어두고, 정기적으로 모래를 소독하고 보충한다.

모래 놀이 시 물을 이용하고 날씨가 따뜻해진 이후 물놀이를 할 수 있도록 물놀이 영역을 마련한다. 모래 놀이 영역 근처에 수도시설을 준비하고, 수도시설의 높이를 유아들의 키에 맞추어 유아들이 물을 이용하는 데에 불편함이 없도록 한다. 본격적인 물놀이가 시작될 때, 물놀이용 수조와 다양한 물놀이 용구를 제공하고 한여름에는 유아들이 수영복을 입고 놀이할 수 있도록 간이 수영장을 마련한다.

- 모래 놀이 용구: 구멍 크기가 다른 여러 가지 체, 다양한 모양의 그릇(예: 양동이 · 숟가락 · 계량컵 · 국자 · 빈 통 · 냄비 · 접시 · 주전자 등), 여러 크기의 틀이나 관, 모래 놀이 놀잇감, 삽, 갈퀴, 깔때기 등
- 물놀이 용구: 물을 받을 수 있는 통이나 그릇, 구멍이 뚫린 통, 물뿌리개, 호스, 깔대기, 스펀지 등

모래 놀이 영역 전경

수도

(3) 신체활동 영역

유아들의 대근육 발달을 돕기 위해 기어오르기, 매달리기, 그네 타기, 미끄럼 타기 등의 운동 놀이를 할 수 있도록 다양한 시설물을 설치한다. 밧줄 타고 오르기, 몸의 균형 잡고 건너기, 미끄럼 타기 등의 다양한 활동을 할 수 있는데 난이도가 다른 시설물을 두 곳에 설치하여 유아의 발달과 수준에 따라 적합한 시설물을 사용할 수 있도록 한다. 자전거는 유아들이 실외 고정 놀이 시설에 익숙해지고, 모든 유아들이 자전거 안전에 관련한 약속을 알고 난 후에 제시한다. 자전거를 탈 수 있는 곳의 바닥에는 차선을 표시하여 자전거끼리 부딪히지 않도록 하고, 자전거길 가운데에 횡단보도를 표시하여 보행 공간을 마련한다. 그 밖에 축구골대, 평균대, 네스팅 브릿지 등의 이동식 놀이기구를 설치하여 유아들이 다양한 실외 놀이를 경험할 수 있도록 한다.

3세용 대근육 놀이기구

4 · 5세용 대근육 놀이기구

자전거길

(4) 휴식 영역

유아들이 실외에서 동적인 활동을 하고 난 후 휴식할 수 있도록 마당 곳곳에 앉아서 쉴 수 있는 나무그루터기를 둔다. 나무 그늘 아래에는 의자를 설치하여 유아들이 쾌적한 환경에서 쉴 수 있도록 하고, 햇볕이 많이 드는 날은 간이용 천막을 설치하여 휴식 영역을 확장한다. 유아들은 휴식 영역에서 이야기를 나누며 쉬거나 책 읽기, 그림 그리기 등의 간단한 활동을 할 수 있다. 이때 필요한 준비물은 실외자유선택활동이 시작되기 전 각 학급에서 준비하고 활동을 마친 후 정리한다.

정자와 나무 그루터기

테이블 벤치와 벤치

(5) 기 타

마당에 이동식 휴지통을 두어 마당 환경을 깨끗하게 유지하고 정비할 수 있도록 한다. 마당 한쪽에는 창고를 마련하여 실외에서 사용하는 다양한 놀잇감(예: 모래 놀이 용구, 훌라후프, 공, 자전거 등)을 보관하고 관리한다.

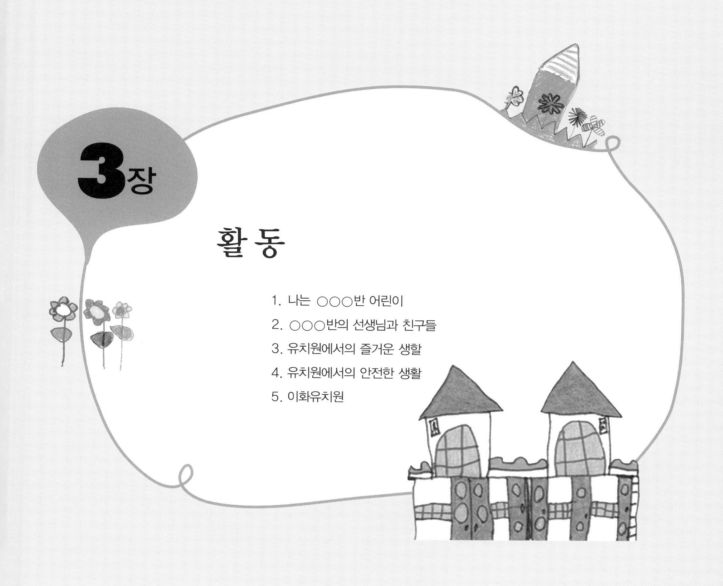

3장 활동

활 동

★ 주제별 활동 목록

		나는 ○○○반 어린이	○○○반 선생님과 친구들	유치원에서의 즐거운 생활	유치원에서의 안전한 생활	이화유치원
자유 선택 활동	쌓기 놀이 영역	내가 만든 작품 소개하기				유치원 구성하기
	역할 놀이 영역	역할 놀이 소품 상자	요리 순서도 만들기			
	언어 영역	○○○반 수수께끼 만들기	친구 이름 책 만들기 상황에 맞는 말 사용하기	인형극장 놀이하기		
	수학·조작 영역		친구 이름 부르기	유치원 생활 그림 짝 맞추기		이화유치원에 꽃 피우기
	과학 영역	사면체 거울				유치원 홈페이지 방문하기
	조형 영역	새학급에서의 첫 그림 그리기 잡지 오려 붙이기	모양 달팽이집 모빌	모루 도장 만들기 모양 종이로 구성하기	슬리퍼 만들기	유치원 그리기 월별 즐거웠던 일 그리기 (회상 달력 만들기)
	음률 영역	○○○반에서 들을 수 있는 소리				
	실외 영역				마당에서 지켜야 할 규칙	
대소 집단 활동	이 야 기 나 누 기	친구들과 인사 나누기 신입원아 유치원 돌아보기 흥미 영역 소개 수학·조작 놀이 교구 소개	우리반 친구들 소개하기 친구를 기분 좋게 하는 일 친구를 기분 나쁘게 하는 일 친구에게 바르게 말하는 방법 생일 축하 계획하기 생일 축하	일과 계획하기 놀이 계획하기 놀이 평가하기 Ⅰ-놀이 평가판에 기분 표시 하기 놀이 평가하기 Ⅱ 간식 Ⅰ-개별 간식 준비 간식 Ⅱ-모둠별 간식 준비	놀잇감 사용 규칙 정하기 놀잇감 수선하기 쌓기 놀이 규칙 정하기 마당 놀이기구 소개 비상문과 대피도	다른 학급 친구들과 인사 나누기 Ⅰ 다른 학급 친구들과 인사나누기 Ⅱ
	동화·동극·동시		친구에게 사과하는 말 (동화)	함께 살아요(동극)	걸어다녀요(동극)	
	노래·음악감상·악기연주	방향 노래(노래)	꾹 참았네(노래)	나는 유치원에서(노래) 조그만 시계점(음악감상)		원가(노래) 이화유치원(노래)
	율동		북소리에 맞추어 걷기		걷기	
	신체	내 이름 찾아오기(게임)	이름 부르기(게임) 친구 사귀기(게임)	물건 전달하기(게임)	모자 옆으로 전하기(게임) 유치원 비상문 찾기(게임)	
	수학	교실 길이 측정하기	이름 그래프 만들기	많고 적음을 알아보기	흥미 영역 적정 인원수 정하기	유치원 평면도 탐색하기
	과학	컴퓨터 사용방법 컴퓨터활동 평가			영양 주먹밥 만들기	
	사회	○○○반 조사하기	인사 예절	바르게 손씻기	복도에서 걷기	이화유치원 조사하기 이화유치원의 역사

※ 본 교재에 수록된 활동은 만 5세 '즐거운 유치원' 생활주제에서 실시하고 있는 교육활동 중 일부만 소개된 것입니다.

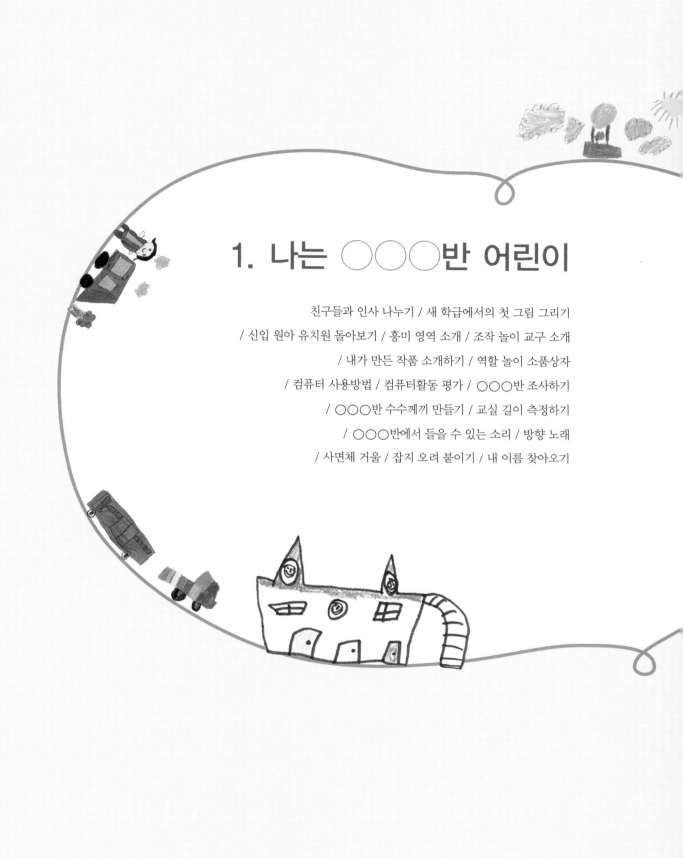

1. 나는 ○○○반 어린이

친구들과 인사 나누기

집단형태
대집단활동

활동유형
이야기나누기

활동자료
유아 명단, 학급 표시 그림

인사 나누기

활동목표

- 같은 반 선생님과 친구들에게 관심을 갖는다.
- 친구들의 이름을 안다.
- 학급의 구성원으로서 소속감을 갖는다.

활동방법

○ 유아들이 유치원에 온 첫 날 모두 모여 새 학급에 대하여 이야기를 나눈다.
- 지금 이 곳에 모여 앉은 어린이들은 어느 유치원, 무슨 반 어린이인가요?
- ○○○반 어린이들은 모두 몇 살인가요?
- (학급표시 그림을 보여주며) 우리가 ○○○반이라는 것을 표시하는 그림이 있어요. 이 그림을 어디에서 보았나요?
  • 개인장, 교실 문, 출석 표시 그림 등

○ 학급 구성원인 담임선생님, 친구들이 누구인지 확인하며 이야기를 나눈다.
- ○○○반에는 어떤 선생님들이 계시나요? 선생님의 성함이 무엇인지 아는 사람 있나요?
  • 나는 ○○○ 선생님이에요. 만나서 반갑습니다.
- 선생님이 ○○○반 어린이의 이름을 부를 거예요. 자기 이름을 부르면 손을 들고 '네' 하고 대답하세요. 그러면 선생님과 친구들이 이름과 얼굴을 빨리 알 수 있어요.
- ○○○반에는 서로 아는 친구들도 있지만 처음 만나는 친구들도 있어요. 이름을 빨리 알고 친하게 지내려면 어떻게 하면 좋을까요?
  • 유치원에서 이름표를 단다.
  • 모르는 친구에게 먼저 가서 이름을 알려주며 인사를 한다.

유의점

- 개학 후 첫 주에는 대집단으로 모여 앉는 시간에 매일 유아들의 이름을 부르며 출석을 확인하여 유아들이 새학급에 대한 소속감을 느끼고 친구들의 이름을 익힐 수 있도록 한다.

관련활동

- 신체(게임) '이름 부르기' (58쪽 참고)

활동 **2** 새 학급에서의 첫 그림 그리기

활동목표

- 학급의 구성원이 되었음을 이해한다.
- 자신의 생각과 느낌을 창의적으로 표현한다.

활동방법

○ 활동을 소개한다.

- 이화유치원 ○○○반에서 처음 그려보는 그림이에요. 첫 그림을 보고 선생님, 친구들과 함께 어떤 것을 그렸는지 이야기를 나누어 봅시다. 완성된 그림은 전시하여 함께 볼 거예요.
- 어떤 그림을 친구, 선생님에게 보여주고 싶은지, 어떤 그림이 제일 자신 있는지 생각해 보고 정성껏 그리세요. **T**IP

○ 원하는 색과 모양의 도화지를 고른다.

○ 종이 뒷면에 크레파스로 자신의 이름을 쓴다.

○ 크레파스를 사용하여 자유롭게 그림을 그린다.

○ 교사는 유아에게 무엇을 그린 그림인지 묻고 그림에 유아의 이야기를 적는다.

유의점

- 첫 그림은 유아의 발달과 성향을 파악하는 데 있어 매우 중요한 자료가 된다. 교사는 유아들이 그린 첫 그림을 보면서 유아의 소근육발달 정도나 유아가 선호하는 주제, 유아의 경험 등을 다양하게 파악할 수 있다.
- 첫 그림 전시가 끝난 후, 학기 중반 또는 후반의 그림과 비교하여 유아의 발달 과정을 관찰할 수 있도록 보관해 둔다.

집단형태
자유선택활동

활동유형
조형 영역

활동자료
도화지, 크레파스

TIP 유치원에서 지낸 일들, 집에서 지낸 일들에 대해 충분히 이야기나누어 경험을 회상한 후, 표현할 수 있도록 격려한다.

크레파스로 그림 그리기

신입 원아 유치원 돌아보기

집단형태
소집단활동(신입원아)

활동유형
이야기나누기

활동목표

■ 유치원에 있는 교실 및 시설의 위치와 기능을 안다.
■ 유치원에서 일하시는 분들의 역할을 안다.

활동방법

○ 계획하기 시간에 오늘 방안 놀이를 하는 중 신입 원아들에게 유치원을 소개해 줄 것임을 이야기한다.

■ ○○○반 어린이들 중에는 작년에 ○○유치원에 다니던 어린이들도 있지만, 올해 유치원에 새로 온 어린이들도 있어요. 새로 온 친구들이 어떻게 하면 유치원에 대해 알 수 있을까요?

• 유치원 곳곳을 돌아다니며 유치원을 살펴본다.
• 작년에 유치원에 다녔던 친구들이 유치원을 함께 다니면서 소개해 준다.

○ 신입 원아들에게 유치원을 어떻게 소개할지 이야기를 나누고 역할을 정한다.

■ 유치원을 다니며 어떤 것들을 소개해줄 수 있을까요?

• 각 학급의 위치, 교사와 원아
• 특별 활동실의 용도
• 물 마시는 곳, 화장실 등

■ 누가 새로 온 친구들에게 유치원을 소개해줄 수 있을까요?

○ 실내자유선택활동 시간 중 재원생 유아들 2~3명이 신입 원아들과 함께 유치원을 돌아다니며 유치원 교실 및 활동실을 소개해준다. **TIP 1**

TIP 1 현 이화유치원 만 5세 연령의 경우 신입원아의 수가 많지 않으므로, 대집단으로 활동을 진행하기보다는 신입원아에게 유치원을 소개해 줄 유아들 몇 명을 정하여 유아 주도적인 소집단으로 본 활동을 실시한다.

■ 1층

• ○○○반: ○살 어린이들이 있는 교실이다.
• 원장실: 유치원의 가장 어른이신 원장 선생님께서 계시는 곳이다. 원장 선생님은 유치원 어린이들이 잘 지낼 수 있도록 여러 가지 일을 하신다.
• 교무실: 원감 선생님을 비롯하여 선생님들께서 함께 일하시는 곳이다. 다음 날 수업 시간에 필요한 자료를 준비하고, 다른 여러 가지 일을 하신다.
• 서무실: 서무 선생님께서 일하시는 방이다. 간식, 놀잇감, 만들기 재료 등을 주문하고, 편지를 보내고 받는 일들을 하는 곳이다.
• 양호실: 몸이 아프거나 다친 경우, 또는 휴식이 필요할 때 오는 곳이다.

유치원 시설 소개하기

- 주방: 조리사님이 어린이들의 간식과 점심을 준비하는 곳이다. 어린이들에게 위험한 도구들이 있기 때문에 들어가면 안 된다. **TIP 2**
- 2층
  - ○○○반: ○살 어린이들이 있는 교실이다.
  - 도서실: 책을 읽거나 빌릴 수 있는 곳이다.
  - 시청각실: TV, DVD 플레이어, 투시물환등기, 실물화상기 등 여러 가지 기계들이 있으며, 기계들을 이용해서 동화를 보거나 이야기를 나눌 수 있다.
  - 주방: 조리사님이 2층에서 지내는 어린이들의 간식을 준비하는 곳이다.
- 유치원을 돌아보며 만나는 어른들(예: 원장 선생님, 각 반 선생님, 관리인, 조리사 등)께 인사를 드린다.

유의점

- 교사는 전날 유아들이 방문할 장소에 계시는 분들(예: 원장 선생님, 원감 선생님, 각 학급 담임교사, 조리사 등)에게 방문허락을 받고 유아들에게 들려줄 이야기를 부탁해 놓는다.
- 재원생들이 신입생들에게 유치원 시설을 소개할 때, 무엇을 어떤 순서로 소개할지에 대해 교사와 함께 계획한다. 소개할 장소와 내용을 기록하여 하나씩 확인해가며 소개하게 한다.

TIP 2 주방이나 창고처럼 안전상 어린이들의 출입이 제한되는 곳은 어린이들에게 용도를 알려주고 출입하지 않도록 지도한다.

관련활동

- 이야기나누기 '흥미 영역 소개' (28쪽 참고)
- 이야기나누기 '이화유치원 조사하기' (154쪽 참고)

집단형태
대집단활동

활동유형
이야기나누기

활동자료
놀이 영역을 표시할 판, 필기구

활동목표

- 교실 내 각 흥미 영역의 특징과 놀이방법에 대해 안다.
- 유치원에는 여러 사람이 함께 사용하는 교구가 있음을 안다.
- 유치원의 시설을 안전하고 바르게 사용한다.

활동방법

○ 유아들과 교실의 흥미 영역을 한 영역씩 관찰하며 각 영역에 대해 이야기를 나눈다.

- 어떤 물건들이 있나요?
- 어떻게 사용하나요?
- 물건을 사용할 때 주의할 점이 있나요?
- 이곳에서는 어떤 놀이를 할 수 있을까요?
- 이곳의 이름은 ○○ 영역이에요.

○ 각 영역의 이름과 이를 표시할 방법에 대하여 의논한다.

- 다른 사람들도 이곳이 어떤 영역인지 알게 하려면 어떻게 하면 좋을까요?
  • 표시판을 만들어 붙인다.
- ○○ 영역의 표시판은 어디에 붙이는 것이 적합할까요? 왜 그렇게 생각하나요?
- 누가 선생님과 함께 ○○ 영역 표시판을 만들까요?

○ 실내자유선택활동 시간에 영역 표시판을 만들어 적합한 곳에 붙인다.

유의점

- 본 활동은 하루에 2~3 영역씩 2~3회에 걸쳐 지속한다. 대부분의 유아들이 만 4세 학급에서 진급해와 흥미 영역에 익숙한 상태인 경우 별도의 집단활동 시간을 통하지 않고 놀이 평가 시간에 흥미 영역의 이용방법 및 유의점에 대해 간단히 이야기를 나눈다.
- 기존의 영역 이외에 별도로 추가되거나 임시로 구성된 영역은 유아들이 영역의 이름을 지어본다(예: '조형작품 전시장', '자석 낚시 놀이터' 등).

관련활동

- 이야기나누기 '놀잇감 사용 규칙 정하기' (118쪽 참고)
- 이야기나누기 '흥미 영역 적정 인원수 정하기' (122쪽 참고)
- 노래 '나는 유치원에서' (92쪽 참고)

활동 5 수학 · 조작 놀이 교구 소개

활동목표

■ 수학 · 조작 놀이 교구를 바른 방법으로 사용한다.

■ 수학 · 조작 놀이를 할 때 필요한 약속을 알고 지킨다.

집단형태

대집단활동

활동유형

이야기나누기

활동방법

○ 수학 · 조작 놀이 영역에 교구장을 마주보고 모여 앉는다.

■ 우리가 앉아 있는 곳은 어디인가요?

· 수학 · 조작 놀이 영역

○ 수학 · 조작 놀이 영역에 있는 다양한 놀잇감을 살펴본다.

■ 수학 · 조작 놀이 영역에는 어떤 놀잇감들이 있나요?

· 그림 맞추기, 숫자놀이, 모양 구성하기 등

■ 지금까지 해 본 수학 · 조작 놀이 중 재미있었던 놀이에 대해 이야기해 봅시다.

○ 그림 맞추기 교구의 사용방법에 대하여 이야기를 나눈다.

■ 그림 맞추기를 하고 싶을 때에는 어떻게 해야 할까요?

· 장에서 두 손으로 그림 맞추기를 꺼내와 책상 위에 놓는다.

· 조각을 하나씩 손으로 빼낸다. 한 손으로 그림 맞추기를 들고 거꾸로 엎어 놓으면 조각이 뒤집어지고 조각을 잃어버릴 수 있다.

■ 만약 그림 맞추기를 다 완성하지 못했는데 정리 시간이 되면 어떻게 해야 할까요?

· 조각들을 그림 맞추기 판에 올려 놓는다. **T IP 1**

· 조각종이에 이름을 써서 그림 맞추기 위에 올려놓는다.

· 다음 방안 놀이 시간에 잊지 않고 완성한다.

■ 정리할 때 조심해야 할 점이 있나요?

· 다른 그림맞추기와 겹치지 않게 반듯하게 놓는다.

○ 쟁반에 담긴 조작 놀이 교구 사용방법에 대하여 이야기를 나눈다.

■ 쟁반에 담긴 조작 놀이 교구로 놀고 싶을 때에는 어떻게 해야 하나요?

· 쟁반채로 들고 자리로 간다.

■ 조작 놀이 교구에는 혼자서 놀 수 있는 놀잇감도 있고, 여러 명이 함께 놀 수 있는 놀잇감도 있어요. 장에 있는 놀잇감들 중에서 혼자서 할 수 있는 놀잇감을 찾아보세요. 여러 명이 함께 게임을 할 수 있는 놀잇감도 찾아보세요.

T IP 1 정리해야 할 그림맞추기 조각이 많을 때에는 조각들을 잃어버리지 않도록 작은 바구니에 담게 한다.

완성하지 못한 '그림 맞추기' 교구 정리하는 방법

TIP 2 그림 맞추기류 교구와 그룹게임류 교구를 각기 다른 장에 정리하면 유아들이 교구를 사용하고 정리하는 데에 도움이 된다.

조작 교구 자리 표시

자리 표시의 예

■ 놀이가 끝나면 어떻게 해야 할까요?

　• 놀잇감을 분류 · 정리한 뒤 교구장에 가져다 놓는다. **TIP 2**

■ 빈 곳에 아무데나 정리하지 않고 제자리에 정리해야 해요. 어떻게 하면 제자리에 쉽게 정리할 수 있을까요?

　• 쟁반에 붙은 표시와 같은 표시가 붙은 자리에 쟁반을 놓는다.

○ 수학 · 조작 놀이를 언제 할 수 있을지에 대해서 이야기를 나눈다.

■ 수학 · 조작 놀이는 언제 할 수 있을까요?

　• 방안놀이 시간이나 간식, 점심을 먹은 후에 할 수 있다.

유의점

■ 대부분의 유아들이 만 4세 학급에서 진급한 유아들인 경우 흥미 영역 소개 활동은 만 5세 학급에만 있는 영역을 중심으로 실시한다. 그러나 유아들이 각 흥미 영역에서 지켜야 할 약속이나 놀이방법을 환기시켜 주어야 한다.

관련활동

■ 이야기나누기 '놀잇감 사용 규칙 정하기' (118쪽 참고)
■ 이야기나누기 '흥미 영역 적정 인원수 정하기' (122쪽 참고)

활동 6 내가 만든 작품 소개하기

활동목표

- 쌓기 놀이 영역에 있는 블록의 종류와 사용방법을 알고 적절히 사용한다.
- 블록을 이용하여 창의적으로 구성한다.
- 나와 다른 사람의 작품을 소중히 다룬다.

활동방법

○ 계획하기 시간에 유아들에게 자유선택활동 시간 동안 쌓기 놀이 영역에서 블록으로 만든 구성물을 전시할 수 있음을 알려준다.

○ 정리정돈 시간에 작품을 전시하기를 원하는 유아들에게 이를 해체하지 않고 전시 장소에 진열할 것을 알려준다. **TIP 1**

○ 종이에 유아명과 작품명을 기입하게 하고 이를 전시물 앞에 두어 다른 유아들이 전시물을 감상할 때 만든 사람과 작품 제목을 알 수 있도록 한다.

○ 정리정돈 후, 대집단으로 모여 앉아 쌓기 놀이 영역에서 놀이한 유아들 중 자신의 작품을 소개하고 싶은 유아는 작품을 가지고 앞으로 나와서 발표하도록 한다.

- 무엇을 만든 것인가요?
- 어떤 블록을 가지고 만들었나요?
- 어디에 전시하였나요?

○ 친구의 작품을 보고 궁금한 점을 질문한다.

- 이 작품을 보고 친구에게 물어보고 싶은 것이 있나요?
- 친구에게 해주고 싶은 말이 있나요?
  - 초록색 블록과 빨간색 블록으로만 만들었더니 제트기가 더 멋있다.
  - 비행기의 날개들을 더 크게 만들면 더 좋을 것 같다.

○ 작품을 전시할 때 주의점에 대하여 이야기한다.

- 완성된 작품을 놓을 때 어떤 점을 조심해야 할까요?
  - 미리 전시되어 있는 다른 친구의 작품이 부서지지 않도록 주의한다.

○ 전시되어 있는 작품을 다루는 태도에 대하여 이야기한다.

- 친구들이 만든 작품은 어떻게 해야 할까요?
  - 소중하게 다룬다, 부수면 안 된다.
- 전시한 작품을 볼 때에는 어떻게 해야 할까요?

집단형태

자유선택활동 · 대집단활동

활동유형

쌓기 놀이 영역 · 이야기나누기

활동자료

쌓기 놀이 영역에 있는 다양한 블록, 이름과 구성물의 제목을 적을 수 있는 이름표, 네임펜

이름	김이화
작품 이름	우주로 가는 로켓

이름표의 예

TIP 1 쌓기 놀이 영역 주변에 작품전시 공간을 마련한다.

작품전시대

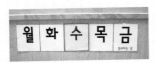

TIP 2 아래 사진은 작품을 정리하는 요일을 금요일로 정한 예이다. 그날의 요일에 빨간색 투명 네모판을 부착하고 네모판이 금요일에 다다르면 전시 영역의 작품들을 정리한다.

작품 정리하는 날 표시판

- 손으로 만지지 않고 눈으로만 본다.
- 전시한 곳 앞에서 장난치면 안 된다.

○ 작품을 언제까지 전시할 수 있을지 이야기를 나눈다.

■ 방안놀이 시간에 만든 작품을 정리하지 않고 계속 전시만 하면 어떤 일이 생길까요?

- 블록 바구니 안의 블록이 적어서 새로운 작품을 만들 수 없다.
- 전시대의 자리가 부족해서 새로운 작품을 전시할 수 없다.

■ ○○○반 어린이들이 만든 작품은 언제 정리하면 좋을까요?

○ 유아들과 함께 작품 전시 기간을 정하거나, '작품을 정리하는 날' 요일을 정하고 표시판을 학급의 모든 유아들이 알 수 있도록 작품 전시대 위에 게시해 놓는다.

TIP 2

유의점

■ 작품 정리일이 지켜지지 않을 경우 놀이 평가 시간에 이야기를 나눈 후, 유아들과 함께 해결방법을 찾아 실천하도록 한다.

활동 7 역할 놀이 소품상자

활동목표

- 역할 놀이 소품상자의 이용방법을 안다.
- 놀이에 필요한 물건을 찾아 활용한다.

활동방법

|역할 놀이 놀이 평가|

○ 실내자유선택활동 시간에 유아들이 역할 놀이 영역에서 놀이하는 모습을 관찰하고 놀이 평가를 한다.

○ 역할 놀이를 한 유아들에게 놀이를 어떻게 하였으며, 어떤 점이 재미있었고, 더 필요한 소품은 없는지 묻는다. **TIP 1**

- 역할 놀이 영역에서 역할을 정하여 가족 놀이를 하는 모습을 보았어요. 어떻게 역할을 정하고 어떤 이야기로 놀이를 하였는지 궁금해요. 누가 나와서 이야기해줄 수 있나요?
- 어떤 점이 재미있었나요?
- 더 필요한 소품이 있었나요?
- 가족 놀이를 더 재미있게 하려면 어떻게 하면 될까요?
  - 가족과 함께 미용실에 가서 머리를 단장하고 싶다.
  - 가족과 함께 빵가게에서 빵을 사는 놀이를 하고 싶다.

○ 유아들의 의견을 반영하여 역할 놀이 영역에서 가족 놀이와 병행하고 싶은 놀이의 주제(예: 빵가게 · 미용실 · 식료품가게 등)를 정한다.

|역할 놀이 소품상자 소개하기|

○ 실내자유선택활동을 하기 전, 역할 놀이 소품상자를 보여주며 사용방법을 설명한다.

- 선생님이 상자를 두 개 준비했어요. 상자에 어떤 글씨가 적혀 있나요?
  - 빵가게 물건, 미용실 물건
- 상자 안에 무엇이 있을까요? 열어 봅시다.
  - 빵가게 놀이에 필요한 물건들
  - 미용실 놀이에 필요한 물건들
- 이 물건들을 언제 사용하는 걸까요?

집단형태

자유선택활동 · 대집단활동

활동유형

역할 놀이 영역 · 이야기나누기

활동자료

역할 놀이 소품상자 주제별 (빵가게 · 미용실 등) 놀잇감 상자

TIP 1 학기 초에는 역할 놀이 영역을 가족 놀이를 할 수 있도록 구성한다. 그러나 놀이 주제가 점차 다양해지면서 유아들의 놀이가 심화 · 확장되면, 교사는 기존의 역할 놀이 영역 구성에서 더 필요한 소품들을 첨가해 준다. 유아들과 함께 이야기를 나누며 현재 진행되고 있는 놀이의 주제가 무엇인지, 어떤 것이 필요한지 파악하여 유아들과 함께 소품을 준비하며 환경을 구성해나간다.

역할 놀이 소품상자 배치

역할 놀이 소품상자 내부 구성 예

TIP 2 빵가게 놀이나 미용실 놀이와 같이 특정 주제의 놀이에 많은 유아들이 흥미를 갖고 참여할 경우 역할 영역 전체를 빵가게나 미용실 등으로 구성하여 놀이가 심화·확장될 수 있도록 한다.

- 역할 놀이 영역에서 빵가게 놀이나 미용실 놀이를 하고 싶을 때 상자에서 필요한 물건들을 꺼내어 놀이를 한다. **TIP 2**
- 놀이를 마친 후에는 담겨 있던 상자에 물건들을 넣고 정리한다.

○ 놀이를 회상하고 평가한다.
  - 놀이를 하면서 어떤 점이 재미있었나요?
  - 놀이를 하면서 어떤 점이 불편했나요? 왜 불편했나요?
  - 혹시 더 필요한 물건이 있었나요?
  - 더 필요한 물건을 어떻게 준비할 수 있을까요?
    - 유치원에서 찾아보거나 집에서 빌려온다.
    - 조형 영역에서 만들어서 사용한다.

○ 평가를 반영하여 놀이에 필요한 물건을 준비해 역할 놀이 소품상자에 넣는다.

유의점

- 소품상자는 최대 세 개 정도까지 제공해 준다. 너무 많은 주제의 놀잇감을 동시에 제공할 경우 놀이가 심화되지 않을 수 있다.

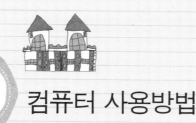

활동 8 컴퓨터 사용방법

활동목표

- 컴퓨터 사용법을 익힌다.
- 컴퓨터를 사용할 때 약속과 규칙이 필요함을 안다.

활동방법

○ 유아들과 컴퓨터 영역에 모여 앉는다.

○ 컴퓨터 각 부분의 명칭과 기능에 대하여 이야기한다.

- 본체: 컴퓨터가 작동하는 데 필요한 주요 부품이 들어 있는 곳이다.
- 모니터: 마우스를 움직이거나 키보드를 치면 본체가 작동하고, 결과가 모니터에 나타난다.
- 키보드: 컴퓨터에 글씨를 입력하는 도구이다. 키보드를 누르면 글씨가 모니터에 나타난다.
- 마우스: 쥐 모양과 비슷하여 영어로 '쥐' 라는 뜻의 '마우스' 라고 부른다. 마우스를 움직이면 모니터에 화살표가 따라 움직인다. 모니터에 보이는 단추나 그림을 누르는 데 사용한다. 바탕화면 아이콘은 두 번 누른다. 마우스를 누르는 것을 '클릭'이라고 한다.

○ 컴퓨터 사용방법에 대하여 알려준다. **TIP 2**

- 선생님이 컴퓨터를 켜는 방법을 알려줄게요.
  - 본체의 '전원' 단추를 누르고, 모니터의 전원 단추를 누른다.
  - 바탕화면이 뜰 때까지 기다린다.
  - 바탕화면에 있는 아이콘 중에 실행하고 싶은 프로그램을 선택해서 마우스로 두 번 클릭한다.
- 컴퓨터를 사용이 끝난 후에는 어떻게 해야 할까요?
- 컴퓨터를 끄는 방법을 알려줄게요.
  - 프로그램 창 위에 있는 'x' 표시를 눌러 프로그램을 종료한다.
  - 바탕화면의 '시작' 단추를 누르고 '시스템 종료' 단추를 누른다.
  - 한 번 더 '종료' 단추를 누른다.

○ 컴퓨터 사용 시 할 수 있는 프로그램에 대하여 알려준다.

- 선생님이 컴퓨터로 볼 수 있는 동화 '토끼와 거북이' 를 준비했어요. 시작 화면이 뜨면 '읽기'를 누르세요. 키보드에 있는 화살표로 동화의 다음 장으로 넘길

집단형태
소집단활동(약 10명)

활동유형
과학

활동자료
컴퓨터(모니터, 본체, 키보드, 마우스), 컴퓨터 프로그램
TIP 1

TIP 1 동화 프로그램과 같이 조작이 간단하고 쉬운 프로그램으로 준비한다.

TIP 2 교사가 사용법에 따라 컴퓨터를 조작하는 모습을 유아들에게 보여주면서 지도한다. 또는 원하는 유아가 나와서 컴퓨터의 전원을 켜보거나 끌 수 있도록 지도한다.

컴퓨터 사용방법 알아보기

컴퓨터 탐색하고 놀이하기

수 있어요.

- ■ ○○○반 어린이들이 컴퓨터 사용방법에 익숙해지면 선생님이 컴퓨터로 할 수 있는 다른 동화, 놀이도 준비해 줄 거예요.
- ○ 컴퓨터로 동화를 본다.
- ○ 방안놀이 시간에 컴퓨터 각 부분의 명칭을 종이에 쓰고 오려서 컴퓨터의 각 부분에 붙인다.

유의점

- ■ 교사는 유아들의 컴퓨터활동을 지속적으로 관찰하고 평가하여 유아들이 컴퓨터를 올바르게 사용 할 수 있도록 지도한다. 컴퓨터로 게임이나 기타 유해한 프로그램을 경험한 유아가 있을 수 있으므로 왜 유아들이 하면 안 되는 것인지에 대하여 이해시키고 건전하고 교육적으로 컴퓨터를 사용 할 수 있도록 지도한다.
- ■ 유아들이 컴퓨터 사용과 규칙에 익숙해진 후에는 인터넷을 연결하여 교사와 함께 수업에 필요한 자료나 정보를 찾아 볼 수 있도록 한다.

관련활동

- ■ 과학 '컴퓨터활동 평가' (37쪽 참고)

활동 9 컴퓨터활동 평가

집단형태
대집단활동

활동유형
과학

활동자료
탁상시계, 컴퓨터 사용 순서표

컴퓨터 영역 환경 구성

활동목표

■ 컴퓨터 영역에서의 지켜야 할 약속을 안다.

■ 약속을 지키는 태도를 기른다.

활동방법

○ 실내자유선택활동 후 놀이평가를 한다.

■ 컴퓨터 영역에서 활동할 때 어떤 점이 즐거웠나요?

■ 기억에 남는 일이 있었나요?

■ 컴퓨터활동 시 속상했거나 불편했던 점이 있었나요?

• 한 사람이 계속 하고 있어서 내 차례가 돌아오지 않았다.

• (컴퓨터를 하려고 기다리는 사람이 많았는데) 누가 먼저 해야 하는지 순서를 몰랐다.

• 컴퓨터를 하는 사람, 기다리는 사람이 많아 자리가 좁았다.

• 컴퓨터 놀이를 하고 싶어서 기다리느라 다른 놀이를 하지 못했다.

○ 문제를 해결할 수 있는 방법에 대하여 의논한다.

■ 어떻게 하면 모든 어린이들이 공평하게 컴퓨터를 사용할 수 있을까요?

• 한 사람이 컴퓨터를 할 수 있는 시간을 정한다.

• 먼저 온 사람부터 순서를 정해서 종이에 적어둔다.

○ 컴퓨터 사용 시간을 정한다. **Ⓣ**IP

■ 한 사람이 10분씩 컴퓨터를 사용하는 것이 좋겠어요. 10분이 지나면 다음 어린이가 사용할 수 있도록 하세요.

○ 컴퓨터 사용 순서를 정한다.

■ 누가 할 차례인지 쉽게 알려면 어떻게 하는 것이 좋을까요?

• 사용 순서를 표에 적어 놓는다.

• 컴퓨터활동을 마친 사람이 사용 순서표를 보고 다음 사람에게 찾아가 말해 준다.

○ 유아들이 결정한대로 교사가 준비물을 준비해 준다.

○ 다음 날 활동을 하면서 순서 정하는 방법, 놀이 시간 등이 적합한지 생각해볼 수 있도록 한다. 놀이평가 시간에 재평가를 하여 불편한 점이 있으면 수정하도록 한다.

ⓉIP 컴퓨터 이용 시간을 정할 때에는 유아들이 적절한 시간을 가늠하기 어려우므로 교사가 정해 준다. 컴퓨터 1회 이용 시 소요할 수 있는 시간을 정한 후에는 유아들이 컴퓨터를 하면서 시간을 확인할 수 있도록 작은 탁상시계나 모래시계를 준비해서 놓아 둔다.

1회 이용 가능 시간을 표시한 탁상시계

사용 순서표

■ 컴퓨터 사용 규칙 등 놀이시설의 사용 규칙은 교사가 정해주고 유아들이 그에 따라서 지키는 것보다는, 유아들이 놀이를 하면서 불편했던 점을 스스로 생각해 보면서 문제를 해결하기 위해 필요한 규칙을 정하는 것이 바람직하다. 유아들은 규칙을 지키지 않을 경우 일어나는 문제에 대하여 이미 경험하였으므로 스스로 정한 규칙에 대하여 더욱 중요하게 생각하고 실천하게 된다.

■ 과학 '컴퓨터 사용방법' (35쪽 참고)

활 동 10

○○○반 조사하기

활동목표

- 교실 내 각 흥미 영역의 특징과 놀이방법에 대해 안다.
- 학급의 구성원이 되었음을 알고 소속감을 갖는다.
- 친구들과 협력하는 태도를 갖는다.

집단형태

대집단활동 · 소집단활동

활동유형

사회

활동자료

목걸이 수첩, 필기구

활동방법

○ 조사할 장소와 조사할 내용에 대하여 의논한다.

- 우리 반에 대해 무엇을 소개하고 싶은가요?
  - 어떤 놀이 영역이 있는지를 소개한다.
  - 우리 반의 위치를 소개한다.
  - 선생님과 친구들을 소개한다.
  - 어떤 놀잇감이 있는지를 소개한다.
  - 어떤 동물을 키우는지 소개한다.
  - 어린이들이 어떤 놀이를 좋아하는지를 소개한다.
- 이렇게 소개하고 싶은 것이나 궁금한 것을 정확히 알기 위해서 자세하게 알아보는 것을 '조사'라고 해요. 다른 반 친구들에게 우리 반을 소개하기 위해서 우리 반을 조사할 거예요.

○ 조사방법에 대하여 의논한다.

- 우리가 방금 이야기한 것을 어떤 방법으로 알아볼 수 있을까요?
  - 방안을 직접 살펴본다.
  - 궁금한 것을 아는 사람에게 물어본다.
- 조사한 것들을 기억하려면 어떻게 하면 좋을까요?
  - 조사를 할 곳에 수첩과 연필을 가져가서 그림으로 그리거나 글자로 쓴다.

○ 교실의 흥미 영역별로 모둠을 나누고 맡은 곳을 조사한다.

- 간단히 기록할 수 있는 종이와 필기구를 준비하여 조사활동을 할 수 있게 한다.

○ 조사한 내용을 정리 · 기록한다.

○ 기록한 자료를 가지고 모둠별로 조사한 내용을 발표한다.

- ○○모둠은 어떤 영역을 조사했나요?
- 어떤 놀잇감을 조사했나요?

모둠별로 조사하기

조사한 내용 정리하기

유아들이 조사하여 만든 자료

조사한 내용의 벽면 게시

TIP 이화유치원에서는 정기적으로 유치원의 전원아가 모여 인사를 나누는 시간을 갖고 있으며 학기 초 첫 모임 시 각 학급을 소개하고 있다.

■ 어떤 놀이를 조사했나요?

○ 유아들이 만든 자료를 벽면에 게시한다.

유의점

■ 본 활동을 시작하기 전, 교실 내 각 흥미 영역에서의 놀이방법과 유의점에 대해 이야기를 나눈다. 유아들이 각 흥미 영역에서 충분한 놀이경험을 가진 후에 활동하도록 한다.

■ 본 활동은 조사 내용 계획하기, 조사하기, 조사 후 기록자료 만들기, 조사한 내용 공유하기 등으로 과정을 세분화할 수 있다. 각 과정은 유아들의 흥미 유지 상태나 주의집중 상태를 고려하여 약 일주일간 적절한 시차를 두고 분리하여 활동하도록 한다.

확장활동

■ 다른 학급과의 모임 시 유아들이 학급에 대해 조사한 내용을 소개한다. **TIP**

관련활동

■ 이야기나누기 '다른 학급 친구들과 인사 나누기 I' (148쪽 참고)

활동 11 ○○○반 수수께끼 만들기

활동목표

- 교실 내 각 흥미 영역에 있는 교구의 종류를 안다.
- 교구의 사용방법을 안다.
- 사물의 특징을 탐색한다.

활동방법

○ 유아들과 수수께끼를 내어 맞추게 한다.

○ 교실의 물건을 소재로 수수께끼를 만들게 한다.

- ○○○반에 있는 물건들로 수수께끼를 만들어 봅시다.
- '○○○(예 : 크레파스)'에 대한 수수께끼를 만들어 봅시다.
  - 나는 조형 영역에 있어요.
  - 나를 사용해서 그림을 그릴 수 있어요.
  - 여러 가지 색깔이 있어요.
  - 네모난 통에 들어 있어요.
- 또 어떤 물건에 대한 수수께끼를 만들어 볼 수 있을까요?

○ 수수께끼 통을 소개한다.

- 우리가 만든 수수께끼를 적어서 이 통에 넣은 후에 방안놀이 시간에 '수수께끼 맞추기' 놀이를 할 수 있어요.
- 그런데 정답은 어떻게 알 수 있을까요?
  - 정답을 적어둔다.
  - 수수께끼 종이 뒷면에 정답을 적고, 모양 종이로 정답을 가려 펼쳐서 확인해 볼 수 있도록 한다.

○ 수수께끼 문제를 정답과 함께 종이에 적는다. **TIP 1**

○ 종이를 수수께끼 통에 넣고, 수수께끼 맞추는 놀이를 한다. **TIP 2**

집단형태

자유선택활동 · 대집단활동

활동유형

언어 영역 · 이야기나누기

활동자료

수수께끼를 적을 종이, 필기구, 수수께끼 상자

수수께끼 만들기

수수께끼 맞추기

TIP 1 수수께끼 내용을 글로 쓰기 어려운 유아들은 교사가 도와주거나 그림으로 문제를 내게 한다.

TIP 2 수수께끼 문제가 적힌 종이를 한데 묶어 모아 수수께끼 책 형태로 만든다.

활동 12 교실 길이 측정하기

집단형태
대집단활동

활동유형
수학

활동자료
길이를 잴 수 있는 도구(예: 줄자, 긴 줄, 종이 벽돌 블록 등), 기록용구(화이트보드, 보드마카펜)

측정할 곳에 대해 이야기나누기

활동목표

- 다양한 도구를 화용하여 사물의 길이를 다양한 방법으로 측정한다.
- 사물의 형태를 변별한다.
- 친구들과 협력하여 문제를 해결한다.

활동방법

○ 측정할 영역과 방법을 정한다.

- 교실의 길이를 재어 보려고 해요.
- (화이트보드에 교실 모양을 그리며) 교실을 그려 볼게요. 어떤 모양인가요?
  - 네모
- 이 네모 모양에서 옆으로 긴 선의 길이를 재어볼 거에요.
- 옆으로 긴 선을 '가로'라고 해요.
- 우리 교실의 어디에서부터 어디까지를 가로로 생각할까요? 누가 나와서 끝과 끝을 짚어 봅시다.
  - ○○ 영역의 벽에서부터 ○○ 영역의 벽까지
  - 창문의 이쪽 끝에서부터 저쪽 끝까지
- 어떤 방법으로 ○○○반의 길이를 잴 수 있을까요?
  - 자로 교실의 가로를 잰다.
  - 긴 줄을 교실의 가로만큼 잘라 본다.
  - 똑같은 물건들을 교실의 가로만큼 되도록 연결해서 물건이 모두 몇 개인지 세어 본다.
- 물건이 얼마나 긴지, 무거운지 혹은 큰지를 재는 것을 '측정'이라고 해요.
- 어떤 물건을 사용해서 ○○○반을 측정할 수 있을까요?
  - 줄자, 긴 줄, 종이 벽돌 블록, 발걸음, 손바닥, 사람 등

○ 측정 도구에 따라 모둠을 나누어 실내자유선택활동 시간에 모둠별로 교실을 측정한다.

○ 측정 결과를 기록하고 함께 이야기를 나눈다.

- 어떤 물건으로 교실을 측정했나요?
- 그 물건이 몇 개 필요했나요?

■ (자로 잰 경우) 교실의 길이를 나타내는 숫자가 몇이었나요?

• ○○cm

■ 왜 서로 측정한 결과가 다를까요?

• 측정에 이용한 물건의 크기가 다르기 때문에

○ 물건을 측정할 수 있는 다양한 측정 도구와 측정 결과를 기록할 수 있는 기록용구를 과학 영역에 제시하여 유아들이 원하는 물건으로 측정할 수 있도록 한다.

손바닥으로 교실 길이 측정하기

사람의 키로 교실 길이 측정하기

긴 줄로 교실 길이 측정하기

활동 13 ○○○반에서 들을 수 있는 소리

집단형태
자유선택활동 · 대집단활동

활동유형
음률 영역 · 이야기나누기

활동자료
카세트 플레이어(녹음 기능이 있는 것), 녹음테이프, 녹음용 마이크

TIP 1 유아들이 녹음한 소리는 전이 · 주의집중 시간을 활용하여 하루에 5~6개 정도씩 들려주고 맞춰보게 한다.

TIP 2 교실에 있는 다양한 물건들을 본래 용도 외에 소리를 만들 수 있는 악기로서 창의적으로 생각해 볼 수 있도록 격려한다.

수돗물 흐르는 소리 듣고 녹음하기

활동목표
- 주변에서 나는 소리에 관심을 갖는다.
- 다양한 방법으로 소리를 만들어 본다.

활동방법

|소리 찾기|

○ ○○○반에서 들을 수 있는 소리에 대해 생각하고 이야기를 나눈다.
- (교사가 미리 녹음한 소리를 들려주며) 이 소리를 들어본 적 있나요? 어디서 들었나요? 언제 들을 수 있는 소리인가요? 이 소리는 어떤 소리일까요?
  - 쌓기 놀이 영역에서 장난감 자동차가 굴러가는 소리
  - 쌓기 놀이 영역에서 블록이 부딪치는 소리
  - 조형 영역에서 가위질하는 소리
  - 조형 영역에서 스카치테이프를 돌리는 소리
  - 역할 놀이 영역에서 요리할 때 나는 소리
  - 컴퓨터를 켜거나 끌 때 나는 소리
  - 창문 여는 소리
  - 간식 그릇, 식판을 정리하는 소리
  - 화장실에서 수도를 틀 때 나는 소리
- 또 ○○○반에서는 어떤 소리를 들을 수 있나요?

○ 유아들이 교실에서 들을 수 있는 소리를 직접 녹음해 본다.
- 교실에서 들을 수 있는 소리들을 찾아보고 직접 녹음해 봅시다.
- 소리를 듣고 알아맞힐 수 있도록 소리나는 모습을 사진으로도 찍어 보세요.

○ 유아들이 녹음한 소리를 실내자유선택활동 시간에 자유롭게 들어 볼 수 있도록 음률 영역에 녹음테이프, 카세트 플레이어를 제시한다. 이때 유아들이 찍은 사진을 녹음 순서대로 모아 책으로 묶어 함께 볼 수 있도록 한다. **TIP 1**

|소리 만들기|

○ ○○○반에서 소리를 만들 수 있는 물건을 찾아본다. **TIP 2**
- ○○○반에 있는 여러 가지 물건들로 소리를 만들어 봅시다.
- 각자 소리를 낼 수 있는 물건을 하나씩 가져와 보세요.

■ 이 물건은 어디에서 가져온 물건인가요? 언제 사용하는 물건인가요?

○ 물건을 가지고 여러 가지 소리를 만들어 본다.

■ 이 물건으로 어떻게 소리를 만들 수 있나요?

■ 어떤 소리가 나나요? 이 소리와 비슷한 소리를 들어본 적 있나요?

■ 또 다른 방법으로 소리를 만들어 볼 수 있을까요?

○ 노래를 부르며 자신이 찾은 물건으로 소리를 내본다.

■ 물건을 악기라고 생각하고 리듬에 맞추어 소리를 내봅시다.

■ 노래를 부르면서 소리를 내봅시다.

유의점

■ 소리를 낼 때 물건을 무조건 세게 두드리거나 부딪히게 할 경우 물건이 망가질 수 있으므로 유의하게 한다. 유아들이 소리를 내는 행위보다는 소리 자체에 집중할 수 있도록 지도한다.

나는 ○○○반 어린이

활동 14 방향 노래

집단형태
대집단활동

활동유형
노래

활동목표

- 교실 내 각 흥미 영역과 교구의 위치를 안다.
- 학급 구성원으로서 학급에 관심을 가지고 즐겁게 노래를 부른다.

활동방법

○ 교실 내 흥미 영역이나 교구를 가리키며 몸을 움직이도록 한다.
- 손을 ○○로 뻗어 봐요.
- 손으로 ○○를 가리켜 봐요.
○ 노래를 불러 준다.
○ 유아와 함께 노래를 부르며 지시대로 손으로 위치를 가리킨다.
- 선생님이 노래를 다시 불러 볼게요. 노랫말대로 손을 움직여 보세요.
○ 노래에 익숙해지면 지시하는 부분을 다양한 방법(예: 각 영역별, 친구의 이름 등)으로 바꾸어 부른다. **T**IP

TIP 이 활동은 주의집중 및 전이 시간에 교실의 시설이나 물건을 활용하여 실시할 수 있다.

관련활동

- 이야기나누기 '흥미 영역 소개' (28쪽 참고)

방향 노래

외국곡
편곡 박인숙

손 을 앞 으 로 손 을 뒤 — 로

손 을 옆 으 로 반 대 편 을 가 리 켜 봐 요

손 을 위 로 번 쩍 바 닥 을 가 리 켜 봐 요

문 꼭 대 기 는 어 디 인 가 요 문 — 아 래 쪽 은 어 딜 까 요
피 아 노 — 는 어 디 인 가 요 나 무 적 목 은 — 어 딨 나 요

책 상 위 를 가 리 키 고 책 상 밑 을 가 리 켜 봐 요
동 화 책 을 가 리 키 고 태 극 기 를 가 리 켜 봐 요

창 문 위 는 어 디 인 지 가 리 켜 봐 요
게 시 판 은 어 디 인 지 가 리 켜 봐 요

사면체 거울

사각 거울　　거울 받침대

글자 카드

반쪽 그림·사진

여러 종류의 소품

'사면체 거울' 활동자료

활동목표

- 거울의 반사 성질에 관심을 갖는다.
- 거울에 비춰진 물건의 모습을 관찰한다.

활동방법

○ 거울 받침대에 소품을 올린 후 거울을 차례대로 세운다. 소품이 몇 개로 보이는지
관찰한다.

- 거울을 한 개 세우니 물건이 몇 개로 보이나요?
- 거울을 두 개 세우니 물건이 몇 개로 보이나요?
- 왜 물건이 여러 개로 보일까요?
  • 거울이 물건을 비춰주기 때문에 여러 개로 보인다.

○ 교실에 있는 물건 중에서 거울에 비추고 싶은 물건을 가지고 와서 거울 받침대에
올리고 관찰한다.

○ 거울 받침대에 거울 한개를 꽂아 세워 놓는다. 좌우대칭으로 이루어진 물건의 반
쪽만 그려진 그림(사진)을 사각거울에 붙인 다음 거울에 비춰진 모습을 관찰한다.

- 반쪽만 그려진 그림(사진)을 거울에 붙이니 어떻게 보이나요?
  • 완성된 모습

○ 글자 카드(바르게 적은 것, 좌우를 바꿔 적은 것)를 사각 거울에 붙인 다음 거울
속에 비춰진 모습을 관찰한다.

- 글자가 어떻게 적혀 있나요?
  • 거꾸로 적혀 있다(바르게 적혀 있음).
- 거울에 비춰진 글자는 어떻게 보이나요?
  • 바르게 적혀 있다(거꾸로 적혀 있음).
- 왜 거꾸로 적힌 글자가 거울에서는 바르게 보일까요?
  • 거울은 오른쪽과 왼쪽을 바꾸어서 보여주기 때문이에요.

○ 거울에 비춰보고 싶은 그림을 종이에 그린 후 반으로 접는다. 종이의 접혀진 부분
을 거울에 대어본 후 그림을 관찰한다. **TIP 1**

○ 거울에 비춰보고 싶은 글자를 적어서 거울에 붙인 후 관찰하거나 거울에 비추어
진 글자를 따라서 적어 본다.

TIP 1 준비된 그림, 글자 카
드 외에 유아들이 직접 그림을 그
리거나 글자를 적어서 비춰볼 수
있도록 종이와 필기구를 함께 제
시한다.

○ 사각거울 두 개를 셀로판테이프로 이어 붙여 책처럼 펼칠 수 있도록 만든다. 거울을 펼치고 펼쳐진 거울 사이에 물건을 놓은 후 거울에 비춰진 모습을 관찰한다. 거울을 좁게 폭은 넓게 펼치면서 물건의 수를 세어본다. **TIP 2**

- 물건이 몇 개로 보이나요?
- 거울을 넓게(좁게) 펼치니 어떻게 변하였나요?
  - 물건의 수가 적어진다(물건의 수가 많아진다).

○ 거울을 여러 각도로 펼치면서 물건의 수를 세어본다.

TIP 2 유아들이 거울을 펼치는 각도에 따라 거울에 비친 물건의 수가 달라지는 것을 보다 쉽게 관찰할 수 있도록 물건을 놓을 위치, 거울을 펼칠 위치 등이 표시되어 있는 판을 준비하여 함께 제시한다.

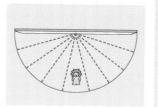

거울을 펼칠 위치를 표시한 판

활동 16 잡지 오려 붙이기

집단형태
자유선택활동

활동유형
조형 영역

활동자료
여러 종류의 그림, 사진 등이 수록된 잡지나 카탈로그, 가위, 풀, 색연필, 크레파스, 16절지

⊤IP 계획하기 시간에 미리 오늘의 조형활동에 대해 이야기하면서 콜라주기법과 준비된 자료에 대해 소개하는 것이 효율적이다.

'잡지 오려붙이기' 완성작품

활동목표

■ 자신의 생각과 느낌을 콜라주기법으로 표현한다.
■ 조형 영역에 있는 도구와 재료의 사용법을 익힌다.

활동방법

○ 잡지에 수록된 다양한 그림이나 사진을 이용하여 콜라주 작품을 만들 것임을 이야기한다. **⊤IP**

■ 잡지에 어떤 사진들이 있는지 살펴봅시다.
■ 사진을 찢거나 오리고 종이에 붙여서 작품을 만들 수 있어요.
■ 이렇게 종이에 사진이나 여러 가지 재료를 붙여 작품을 만드는 것을 '콜라주'라고 해요.

○ 다음의 순서대로 유아들이 작품을 구성하도록 지도한다.

■ 어떤 작품을 만들지 정하고 잡지에서 필요한 사진을 골라 보세요.
■ 필요한 사진을 가위로 오리세요.
■ 원하는 곳에 사진을 풀로 붙이세요.
■ 사진들을 붙이기 전이나 후에 색연필이나 크레파스로 그림을 그려 작품을 꾸며보세요.

○ 완성한 작품에 대해 이야기를 나눈다.

■ ○○는 어떤 작품을 만들었나요?
■ 잡지에서 어떤 사진을 오려붙였나요?
■ 작품에 대해 궁금한 점이 있으면 ○○에게 불어봅시다.

활동 17 내 이름 찾아오기

활동목표

- 학급 구성원으로서의 소속감을 갖는다.
- 게임 방법을 알고 바른 태도로 게임에 참여한다.

활동방법

○ 게임 대형으로 모여 앉는다.

○ 양편의 수를 확인한다.

- 편을 나누어 게임을 할 거예요.
- 게임을 하기 위해 양 편의 사람 수가 어때야 할까요?
  • 같아야 한다.
- 양 편의 사람 수가 서로 같은지 어떻게 알 수 있을까요?
  • 앉은 순서대로 숫자를 말한다.
  • 각 편에서 한 사람씩 나와 자기 편의 사람 수를 센다.

○ 활동자료를 보며 게임방법에 대해 이야기한다.

- 선생님 맞은편에는 무엇이 있나요?
  • ○○○반 어린이들이 유치원에 도착한 후 출석 표시판에 붙이는 이름표가 게시판에 붙어 있다.
- 게시판에 붙어 있는 이름표로 어떤 게임을 할 수 있을까요?
  • 게시판으로 달려가서 자기의 이름표를 떼어 온다.
- 친구들에게 어떻게 하는 게임인지 보여줄 사람이 있나요?

○ 게임 평가방법에 대해 소개한다.

- 이렇게 자신의 이름표를 먼저 찾아온 유아의 편에 ○○○(반을 나타내는 표시 그림)한 개를 붙여 줄게요.
- 모든 사람이 게임을 한 후에, ○○○이 많은 편이 이기는 게임이에요.

○ 게임할 때의 바른 태도에 대해 이야기한다.

- 게임을 지켜볼 때에 어떤 모습이 바른 태도일까요?
  • 게임하는 친구들이 용기를 내서 잘 할 수 있도록 알맞은 소리로 열심히 응원한다.
  • 장난하거나 소리 지르지 않는다.

집단형태

대집단활동

활동유형

신체(게임)

활동자료

융판 1개, 융판에 붙일 출석 표시판용 이름표, 신호악기, 평가자료(반을 나타내는 표시 그림 약 15개, 융판)

활동대형

편 게임 대형

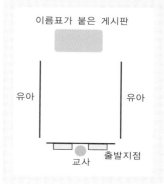

양편의 수 확인하기

'내 이름 찾아오기' 게임하기

○ 게임을 한다.

○ 평가를 한다.

  ■ 어느 편의 ○○○(반을 나타내는 표시그림)이 많은지 차례로 세어봅시다.

  ■ ○○편은 ○○○(반을 나타내는 표시그림)이 모두 몇 개인가요? △△편은 몇 개인가요?

  ■ 어느 편이 더 많은가요? 몇 개 더 많은가요?

  ■ 이번 게임은 ○○편이 이겼어요.

  ■ 게임에서 이긴 ○○편에게 큰 소리로 박수쳐 주세요.

  ■ 또, 함께 열심히 즐겁게 게임한 △△편에게도 큰 소리로 박수쳐 주세요.

○ 2차 게임을 하고 평가한다. 2차 게임에서는 본 게임과 반대로 이름표를 붙이고 돌아오는 방법으로 게임한다.

○ 응원 태도에 대해 평가한다.

  ■ △△편의 게임을 보는 사람들 태도는 어땠나요? ○○편 어린이들의 태도는 어땠나요?

  ■ 바른 태도로 열심히 응원한 ○○편, △△편에게 모두 큰 소리로 박수쳐 주세요.

확장활동

  ■ 글자를 능숙하게 읽는 유아들을 위해 종이에 적힌 이름을 보고 이에 해당하는 친구의 이름표를 찾아오는 방법으로 게임한다.

관련활동

  ■ 신체(게임) '이름 부르기' (58쪽 참고)

2. ○○○반의 선생님과 친구들

친구 이름 부르기

집단형태

자유선택활동

활동유형

수학·조작 영역

활동자료

각 칸에 학급 유아의 얼굴과 이름이 부착된 게임판 **TIP 1**, 말, 주사위

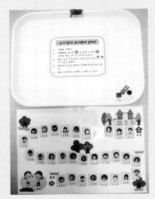

'친구 이름 부르기' 게임판

TIP 1 유아들의 이름 칸의 사이에 '○칸 앞으로/뒤로' 등의 지시칸을 삽입하는 등 변화를 주면 게임을 더욱 흥미롭게 할 수 있다.

TIP 2 유아들의 놀이를 관찰한 후, 유아들이 교구와 상호작용할 수 있도록 교사가 놀이참여자로 유아들과 게임을 한다. 유아들이 게임방법을 잘 이해하지 못하는 경우 놀이 평가 시간에 놀이방법을 소개한다.

활동목표

■ 학급 친구들의 얼굴과 이름을 안다.

■ 학급 구성원으로서 소속감을 갖는다.

■ 1~6까지의 수를 세고 숫자에 알맞게 말을 움직인다.

활동방법

○ 게임판을 소개한다.

■ 이 게임판에는 우리반 어린이들의 사진이 있어요. 또 무엇이 있나요?

• 주사위, 말

○ 게임방법을 소개한다.

■ 어떻게 하는 게임일까요?

■ 게임을 할 사람들은 먼저 게임 순서와 말을 정해요.

■ 주사위를 던져 나온 수만큼 앞으로 가요.

■ 말이 멈춘 칸에 있는 친구의 이름을 불러요.

■ 먼저 '도착' 칸에 말을 놓는 사람이 이기는 게임이에요.

○ 게임을 한다. **TIP 2**

활동 2 우리반 친구들 소개하기

활동목표

- 친구에게 관심을 갖는다.
- 친구를 소중히 여기고 사랑하는 마음을 갖는다.

활동방법

○ 실내자유선택활동 시간에 함께 놀이했던 친구에 관한 수수께끼를 낸다.

- 놀이 시간에 누구와 함께 놀았나요? 무슨 놀이를 했나요?
- 함께 놀이한 친구에 대한 수수께끼를 내어 다른 친구들이 맞혀보도록 해요.
  - 내 친구는 ○○ 놀이를 좋아해요. ○○를 잘 만들어요.

○ 소개할 친구를 정하는 방법과 소개할 내용에 대해 이야기한다.

- 우리 반에는 ○○명의 어린이들이 함께 지내고 있어요. 서로 이미 잘 알고 있는 친구들도 있지만 아직 잘 모르는 친구들도 있어요.
- 우리 반 어린이들이 서로 잘 알고 사이좋게 지낼 수 있도록 친구들을 소개할 거예요.
- 소개할 친구는 뽑기를 해서 정할 거예요. 뽑은 종이에 적혀 있는 친구를 소개하는 거예요.
- 친구에 대해 어떤 점을 소개해 줄 수 있을까요?
  - 친구가 좋아하는 놀이
  - 친구가 잘하는 것
  - 친구가 좋아하는 음식 등
- 소개할 친구에 대해 잘 모르면 어떻게 할까요?
  - 소개하고 싶은 것, 궁금한 것을 친구에게 직접 물어본다.

○ 소개할 친구를 뽑는다.

- 소개할 친구를 뽑은 다음에는 어떤 점을 소개할지 생각하도록 해요.

○ 친구를 소개하는 그림, 글을 기록한다.

- 친구의 얼굴 사진을 붙이고 소개하고 싶은 이야기를 글로 적거나 그림으로 그려봅시다.

○ 유아들이 만든 소개자료를 활용하여 친구를 소개한다. **TIP 1**

- 다른 사람 앞에서 이야기를 할 때 지켜야 할 약속은 무엇일까요?

집단형태
대집단활동

활동유형
이야기나누기

활동자료
제비뽑기용 상자, 유아들의 이름이 적힌 종이, 유아 사진, 16절 도화지, 사인펜·색연필·연필 등 필기도구, 풀

친구 소개하기

TIP 1 유아들이 소개하는 것을 어려워하는 경우 교사가 다른 교사를 소개하며 시범을 보인다.
예) "○○○ 선생님은 게임이랑 동극하는 것을 좋아하세요. 그리고 피아노를 잘 치셔서 어린이들이 즐겁게 노래를 부를 수 있도록 해주세요."

TIP 2 소개할 유아와 소개받을 유아의 사진이나 이름을 릴레이형식으로 연결하여 벽면에 게시하면 소개할 내용을 준비하는 데 도움이 된다.

• 바른 태도로 말한다.

• 적당한 크기의 목소리로 말한다.

• 듣는 사람을 바라보며 말한다.

○ 소개자료를 벽면에 게시하거나 책으로 만들어 궁금한 친구들에 대해 지속적으로 알아볼 수 있도록 한다. **TIP 2**

유의점

■ 본 활동은 2~3차 시로 나누어 전개하도록 한다. 유아들이 소개할 친구를 뽑은 후 친구에게 관심을 갖고 소개할 점을 찾을 수 있도록 1~2일의 시차를 둔다.

확장활동

■ 유아들이 친구를 소개하는 글을 녹음하여 소개 자료와 함께 듣기 영역에 제시해 듣기 영역 교구로 활용한다.

관련활동

■ 신체(게임) '친구 사귀기' (60쪽 참고)

활동 3 친구 이름 책 만들기

활동목표

- 친구 이름 글자에 관심을 갖는다.
- 연필을 바르게 잡는 방법을 익힌다.
- 바른 자세로 글자를 쓰는 습관을 기른다.

활동방법

○ 활동자료를 탐색한다.
- 어떤 것들이 있나요?
  - ○○○반 친구들의 사진 **T**IP , 이름이 적힌 종이
- 친구 이름 책을 만들어 봅시다.
- 친구들 사진을 오려 종이에 붙이고, 그 옆에 이름을 써요. 이 종이들을 모아 책으로 엮으면 친구 이름 책을 만들 수 있어요.

○ 글씨를 바르게 쓰는 방법에 대해 이야기를 나눈다.
- 글씨를 쓸 때에는 어떤 자세로 앉아야 할까요?
  - 허리를 펴고 의자에 바르게 앉는다.
  - 고개를 적당히 숙여 눈과 종이 사이 간격을 유지한다.
  - 한 손은 연필을 잡고 다른 손은 쓰려는 종이를 잡는다.
- 연필을 어떻게 잡아야 할까요?
  - 엄지손가락과 검지손가락으로 연필을 잡고, 중지손가락에 연필을 걸쳐 놓는다. 검지손가락 위에 엄지손가락을 올리지 않는다.
  - 연필심으로부터 3~4cm 윗부분을 잡는다.

○ 글자를 바르게 쓰는 방법을 실천하며 친구 이름 책을 만든다.
- 사전에 들어갈 친구의 사진을 선택하세요.
- 친구의 사진에서 얼굴을 오려 종이에 붙이고, 친구의 모습을 멋지게 꾸며 보세요.
- 종이 아래에 친구 이름을 써 보세요.

관련활동

- 수학 '이름 그래프 만들기' (62쪽 참고)

집단형태
자유선택활동

활동유형
언어 영역

활동자료
학급 유아 각자의 사진 여러 장 **T**IP , 필기구, 그림사전 종이, 유아들의 이름과 사진이 있는 판이나 책

학급 유아의 이름과 사진이 담긴 책

TIP 학급 유아 사진은 A4 한 장에 여러 개의 유아 사진이 들어가도록 인쇄를 설정하고 컬러 출력한다.

활 동 4 이름 부르기

집단형태

중집단활동(약 15명)

활동유형

신체(게임)

활동자료

리듬악기(예: 캐스터네츠나 우드블록 등)

TIP 1 게임을 진행하면서 유아들이 같은 박자를 유지할 수 있도록 교사가 리듬악기로 박을 쳐준다. 유아들이 게임활동에 익숙해지면 속도를 점점 빠르게 할 수 있다.

TIP 2 유아들이 손뼉으로 박을 표현하는 데에 익숙해지면, 손뼉이 아닌 다른 동작으로 응용한다. 예) 첫 번째 박: 양 손으로 무릎 치기/두 번째 박: 손뼉 치기/세 번째 박: 양손을 벌리며 엄지손가락을 밖으로 펴기

TIP 3 오른쪽 방향을 잘 모르는 유아가 많을 경우 게임하기 전, 오른쪽 방향과 오른쪽에 앉은 친구의 이름을 미리 확인한다.

활동목표

- 친구들의 이름을 안다.
- 박자에 맞추어 정해진 동작을 표현한다.
- 학급 구성원 간에 친밀감과 유대감을 형성한다.

활동방법

○ 캐스터네츠 소리에 맞추어 손뼉으로 세 박자 리듬을 만들어 본다.
- 선생님이 하는 캐스터네츠 소리를 듣고 소리에 맞춰서 손뼉을 쳐보세요. **TIP 1**
  - (캐스터네츠를 한 박자씩 치면서 유아들과 함께 반복한다) 하나, 둘, 셋.

○ 손뼉 소리에 맞추어 이름을 불러본다. **TIP 2**
- 손뼉 소리를 낼 때 마다 이름을 한 글자씩을 말할 거예요.
- 먼저 선생님이 하는 모습을 보고 함께 따라해 봅시다. 선생님이 손뼉을 치며 '김이화'라고 부르면 선생님과 똑같이 따라서 부르는 거예요.
  - 김이화　김이화/ 김○○　김○○/ 이○○　이○○
    (교사) (유아들) (교사) (유아들) (교사) (유아들)

○ 순서대로 자신의 이름을 말하고 다른 유아들은 따라서 이름을 부른다.
- 이번에는 돌아가면서 한 사람씩 자기 이름을 말하고 모두 함께 따라해 봅시다.
- 내 옆 사람이 이름을 말하면, 나도 말할 준비를 하고 바로 이어서 말하는 거예요.
- 손뼉은 모든 사람이 함께 쳐주자.
  - 김이화　　김이화/ 김○○　　김○○/ 이○○　　이○○…
    (교사) (유아들)/ (김○○) (유아들)/ (이○○) (유아들)…

○ 오른쪽에 있는 사람의 이름을 부르고 다른 유아들은 따라서 이름을 부른다. **TIP 3**
- 이제 내 이름을 말하는 것이 아니라 오른쪽에 있는 사람의 이름을 부르는 거예요. 옆에 앉은 친구의 이름을 잘 모르면 지금 물어보세요.
- 이름을 다 알았나요? 선생님부터 시작할게요.

○ 순서 없이 다른 친구의 이름을 부르고 다른 유아들은 따라서 이름을 부른다.
- 자기가 부르고 싶은 사람의 이름을 부르면 그 사람이 이어서 또 다른 사람을 부르는 거예요.

유의점

- 이 게임을 개학 후 바로 시작하는 경우 유아들이 친구들의 이름을 잘 모를 수 있으므로 학기가 시작되고 2~3주 정도 지난 후 서로 익숙해지면 실시한다. 유아들이 게임을 이해하고 익숙하게 참여하는 정도에 따라 본 활동을 2~3회로 나누어 실시한다.

확장활동

- 본 활동을 주의집중활동이나 전이활동으로 활용하여 지속적으로 실시한다.

관련활동

- 신체(게임) '내 이름 찾아오기' (51쪽 참고)

'이름 부르기' 게임하기

활 동

5 친구 사귀기

집단형태

중집단활동(약 15명)

활동유형

신체(게임)

활동자료

피아노(또는 녹음된 음악), 신호 악기

활동목표

■ 친구를 사귀기 위한 방법을 안다.

■ 친구를 사귀기 위한 방법을 익힌다.

■ 친사회적인 태도를 기른다.

활동방법

○ 친구를 사귀는 방법에 대해 이야기를 나눈다.

■ 옆에 앉아 있는 친구들을 살펴보세요.

■ 모두 ○○○반의 친구들 맞나요?

■ 그런데 이 친구들을 처음 보았을 때도 지금처럼 친했나요?

■ 처음 보는 친구와 친해지기 위해서는 어떻게 할 수 있을까요?

• 반갑게 인사한다.

• 이름을 물어본다.

• 좋아하는 음식, 놀이, 색깔 등에 대해 이야기한다.

• 함께 놀이한다.

• 친구를 도와준다.

○ 활동을 소개한다.

■ 지금 같이 앉아 있는 친구들을 처음 만났던 날로 돌아가서, 친구를 사귀는 놀이를 할 거예요.

• 음악에 맞추어 방 안을 자유롭게 걸어 다닌다.

• 음악이 멈추면 가장 가까이에 있는 친구와 만나 인사하며 서로 이름을 이야기한다.

• 음악이 나오면 다시 방 안을 걷다가 음악이 멈추면 서로 인사를 나누지 않은 친구들과 만나 인사를 나눈다.

○ 게임을 한다.

○ 평가를 한다.

• 모두 친구를 사귀었나요? 누구를 만났나요?

• 어떻게 인사했나요?

• 게임을 하면서 불편한 점이 있었나요?

'친구 사귀기' 게임하기

○ 유아들이 활동에 익숙해지면 인사하기와 이름 묻기 이외의 다른 방법(예: 좋아하는 색깔, 동물, 놀이 물어보기 등)으로 친구를 사귈 수 있도록 활동을 변형한다.

유의점

■ 유아들이 게임을 하며 자유롭게 돌아다닐 때에는, 친구들과 부딪치지 않도록 유의하게 한다.

관련활동

■ 이야기나누기 '우리반 친구들 소개하기' (55쪽 참고)
■ 이야기나누기 '친구를 기분 좋게 하는 일' (63쪽 참고)

집단형태

대집단활동

활동유형

수학

활동자료

그래프 **T**IP 1 , 기록용구

TIP 1　그래프 한 칸당 한 명의 유아 이름을 적을 수 있는 크기로 제작한다.

TIP 2　그래프 활동을 소개할 때에 실례를 들어 그래프를 만들면서 설명하면 유아들이 이해하기가 쉽다.

TIP 3　그래프에 직접 이름을 쓸 수도 있고, 조각 종이에 이름을 쓴 후 그래프의 해당 칸을 찾아 붙일 수도 있다.

유아들의 이름 그래프

활동목표

■ 나와 친구들의 이름을 읽는다.

■ 공통점에 따라 자료를 분류한다.

■ 그래프를 만드는 방법과 그래프 내용이 의미하는 것을 안다.

활동방법

○ 유아들의 이름과 성에 대해 이야기나눈다.

　■ ○○의 이름과 가족들의 이름 중에 같은 글자가 있나요?

　■ 이 글자를 '성'이라고 해요. 대부분의 사람들은 이름의 가장 앞 글자가 '성'이에요.

○ 같은 성을 가진 친구들을 생각해 본다.

　■ ○○○반 친구들 중에서도 ○○와 성이 같은 사람이 있나요?

○ 그래프 활동을 소개한다. **T**IP 2

　■ 같은 성을 가진 친구를 쉽게 알아볼 수 있는 방법이 있어요.

　■ 종이에 그려진 네모칸 중 가장 아래에 있는 칸들에는 우리반 친구들의 성을 쓸 거예요.

　■ 그 위 칸에는 같은 성을 가진 친구들의 이름을 차례대로 쓸 거예요.

　■ 한 칸에 한 명의 이름을 써야 해요.

○ 자유선택활동 시간에 그래프를 만든다. **T**IP 3

　■ ○○의 성은 무엇인가요?

　■ 그래프에 ○○의 성이 있는 칸을 찾아보세요. 만약 없으면, ○○가 직접 써 보세요.

　■ 성 위 칸에 ○○의 이름을 써 보세요.

○ 그래프를 완성한 후, 함께 모여 앉아 그래프를 분석한다.

　■ 우리 반 어린이들의 성 중에서 가장 많은(적은) 성은 무엇인가요?

　■ ○성을 가진 어린이들은 몇 명인가요?

　■ 모두 ○명의 어린이들이 갖고 있는 성은 무엇인가요?

　■ ○성을 가진 어린이들은 ○성을 갖고 있는 어린이들보다 몇 명이 많나요(적나요)?

○ 이름 그래프를 벽면에 게시한다.

관련활동

■ 신체(게임) '이름 부르기' (58쪽 참고)

활동 7 친구를 기분 좋게 하는 일

집단형태
대집단활동

활동유형
이야기나누기

활동자료
그림자료, 게시판

활동목표

- 다른 사람의 생각이나 기분을 이해한다.
- 나의 행동이 다른 사람의 기분과 감정에 영향을 줌을 알고 친구를 기분 좋게 하는 일을 실천한다.

활동방법

○ 친구의 기분을 좋게 해 줄 수 있는 방법을 생각해보고 이야기를 나눈다. 또는 자기의 기분을 좋게 했던 친구의 행동을 이야기한다. **T**IP

- 친구와 같이 지내면서 기분이 좋았던 적이 있나요? 언제 기분이 좋았나요? 친구와 놀 때 나의 기분도 좋아야 하지만, 누구의 기분도 좋아야 할까요? 어떻게 하면 친구의 기분이 좋을까요?
  - 웃으며 인사를 나눈다.
  - 모르는 것을 친절하게 가르쳐 준다.
  - 친구가 어려워하는 일을 도와준다.
  - 칭찬을 한다.
  - 자기가 만든 것을 친구에게 준다.
  - 장난감을 함께 가지고 논다.
  - 스스로 단추를 잠그기 어려울 때 대신 끼워 준다.

○ 이야기나눈 내용을 바탕으로 하루 동안 친구의 기분을 좋게 하는 일에 대해 더 생각해 보고 세 가지 정도를 골라 실천해 보도록 한다.

○ 귀가지도 시간에 친구가 자신의 기분을 좋게 한 일에 대해 소개하게 한다.

'친구를 기분 좋게 하는 일' 활동자료

TIP 교사는 유아들이 의견을 발표할 때 해당하는 그림자료를 보여 준다. 이용한 자료는 교실 벽면에 게시한다.

관련활동

- 이야기 나누기 '친구를 기분 나쁘게 하는 일' (64쪽 참고)

친구를 기분 나쁘게 하는 일

'친구를 기분 나쁘게 하는 일'
활동자료

TIP 해결과정에 대해 이야기 나누면서, 자신의 잘못을 사과하는 용기와 친구의 잘못을 용서하는 넓은 마음을 격려하고 칭찬한다.

활동목표

- 다른 사람의 생각이나 기분을 이해한다.
- 나의 행동이 다른 사람의 기분과 감정에 영향을 줌을 알고 나의 감정과 행동을 조절한다.
- 학급 구성원 간에 지켜야 할 예절을 지킨다.

활동방법

○ 친구가 나에게 어떻게 행동하면 기분이 나쁜지 유아의 경험담이나 생각에 대한 이야기를 나눈다.

- 친구와 같이 지내면서 기분이 나빴던 적이 있나요? 어떨 때 기분이 나빴나요?
  - 차례를 지키지 않았다.
  - 놀이에 끼워주지 않았다.
  - 친구가 나쁜 말을 했다.
  - 때렸다.
  - 친구가 쓰고 있는 장난감을 허락 없이 가져갔다.
  - 소리를 질렀다.
  - 도움을 요청했을 때 거절했다.
  - 화를 냈다.

○ 친구를 기분 나쁘게 한 일의 해결방법에 대하여 이야기를 나눈다. **T**IP

- 왜 그랬을까요?
- 만일 다른 친구가 나에게 이런 일을 한다면 기분이 어떨까요?
- 그럼 어떻게 하면 좋을까요?

|**문제 상황 예 1 : 서로 때리거나 싸울 때**|

○ 먼저 교사는 신체적 공격을 중지시키고 유아들을 떼어 놓는다.

○ 유아들을 진정시키고 상황을 이야기하게 한다. 울고 있는 유아가 있다면 일단 울음이 그친 후에 상황을 설명하게 한다.

- 무슨 일이니? 한 사람씩 이야기해 보자.
- 울면서 이야기하니까 무슨 이야기를 하는지 잘 모르겠구나. 울음을 그친 다음에

이야기하자.

○ 양쪽 유아들의 이야기를 다 듣고 난 후, 교사는 싸움을 한 유아들이 이야기를 하는 과정에서 잘못된 행동이 있었음을 스스로 느낄 수 있도록 이야기를 나눈다.

　■ 그래서 어떻게 했니?

　■ △△가 ○○을 때렸니?

　■ ○○야, 너는 △△에게 맞을 때 기분이 어땠니?

　■ △△야, 네가 만약 다른 친구에게 맞았다면 너는 기분이 어땠을까?

○ 문제 해결방법으로 신체적 공격이 적절한지, 그 방법 외에 다른 방법은 없었는지 질문하여 함께 대안을 모색한다.

　■ 우리들에게 손은 왜 있을까?

　■ ○○는 손으로 무슨 일을 할 수 있니?

　■ 그래. ○○는 손으로 그렇게 좋은 일을 많이 할 수 있구나.

　■ 좋은 일을 할 수 있는 손으로 친구를 때리면 손이 어떻게 사용된 걸까?

　■ 손으로 때리는 것보다 어떻게 하는 것이 좋을까?

　　• 친구에게 내 기분이 어떤지 이야기하고, 왜 기분이 나쁜지를 이야기한다.

　　• 선생님께 도움을 청한다.

　■ △△가 ○○를 때려서 몸도 아프게 하고, 마음도 상하게 했으니까 뭐라고 이야기해주어야 할까?

　　• 잘못했어. 미안해.

　■ ○○는 △△가 사과하니 마음이 어떠니? 그러면 △△에게 뭐라고 말해줄 수 있을까?

　　• 괜찮아.

|문제 상황 예 2 : 알맞은 목소리로 말하지 않을 때|

○ 실내자유선택활동 시간에 유아들이 목소리를 조절하지 못하고 큰 소리로 대화하거나 흥분된 목소리로 이야기하여 학급 분위기가 소란스러웠던 경우 놀이 평가 시 이에 대해 이야기를 나눈다.

○ 놀이 시간에 친구들이 큰 소리로 웃거나 떠들면 어떤지 각자의 경험과 느낌을 이야기해 본다.

　■ 이렇게 놀이 하는 시간에 큰 소리로 이야기하면 어떻게 될까요?

　　• 다른 친구들의 놀이에 방해가 된다.

　　• 이야기를 듣는 사람은 듣기가 힘들다. 마음이 편안하지 않다. 아름다운 목소리로 들리지 않는다.

　　• 말하는 사람은 목이 아프고, 목소리가 나빠진다.

○ 방 안에서 이야기를 할 때 어떻게 하면 좋을지 의논한다.

■ 그럼 방 안에서 이야기를 할 때에는 어떻게 이야기를 해야 할까요?
   • 알맞은 목소리, 고운 목소리로 이야기한다.

유의점

■ 친구와의 기분 나빴던 일을 이야기할 때 특정 유아의 잘못이 공개적으로 비난받지 않도록 유의해야 한다. 유아들이 자신의 기분 나빴던 경험을 이야기할 때에는 가급적 친구 이름을 거론하지 않도록 미리 약속을 정한다.
■ 본 활동은 1차 시에 모든 내용을 전개하기보다는 문제 상황이 발생하였을 때의 상황별로 실시한다.

관련활동

■ 언어영역 '상황에 맞는 말 사용하기' (73쪽 참고)
■ 이야기나누기 '친구를 기분 좋게 하는 일' (63쪽 참고)
■ 이야기나누기 '친구에게 바르게 말하는 방법' (67쪽 참고)
■ 노래 '꾹 참았네' (71쪽 참고)

친구에게 바르게 말하는 방법

활동목표

■ 학급 구성원 간에 지켜야 할 예절을 지킨다.

■ 나의 감정과 행동을 적절히 조절한다.

■ 자신의 생각과 요구를 타인에게 정확하게 전달한다.

집단형태

대집단활동

활동유형

이야기나누기

활동자료

손인형, 상황극에 필요한 소품

활동방법

○ 친구로 인해 불편한 점이 있어서 말을 했으나 해결되지 않았던 경험에 대하여 이야기를 나눈다. **T**IP

■ 친구가 불편하게 해서 말을 했지만 해결되지 않았던 적이 있나요?

■ 어떤 일 때문에 불편했나요?

• 친구가 밀고 그냥 갔다.

• 내가 가지고 놀던 놀잇감을 아무 말 없이 가져갔다.

■ 그때 어떻게 말을 했나요?

• "하지마."

• "그만해."

■ 친구가 내가 하는 말을 듣고 어떻게 했나요?

• 친절하게 대답해 주었다.

• 내가 부탁한 대로 해 주었다.

• 아무 대답도 하지 않았다.

• 불편한 행동을 계속했다.

○ 말을 했지만 해결되지 않았던 이유에 대하여 이야기를 나눈다.

■ 왜 친구는 내가 한 말을 듣고 아무 말도 하지 않았을까요?

• 목소리 크기가 너무 작아서 들리지 않았다.

• 놀이를 너무 재미있게 하고 있어서 말을 하는지 몰랐다.

• 무엇이 불편한지를 정확하게 말하지 않아서 몰랐다.

• 친절하게 말하지 않아서 대답하고 싶지 않았다.

○ 친구에게 나의 생각을 효과적으로 말하는 방법에 대하여 이야기를 나눈다.

■ 친구가 내가 말하는 것을 잘 들을 수 있도록 하기 위해서는 어떻게 해야 할까요?

• 친구의 이름을 부르고 눈을 맞춘다.

TIP 활동 도입 시 학급에서 발생한 문제 상황을 교사가 인형극을 통해 보여주면 보다 다양한 유아들의 경험을 이끌어낼 수 있다.

- 적당하게 큰 목소리로 말한다.
- 내가 불편한 점을 정확하게 말한다.
- 친절하게 말한다.

○ 나의 행동으로 인해 불편한 친구가 생겼을 때 올바른 대처방법에 대하여 이야기를 나눈다.
  - 친구가 내가 하는 행동 때문에 불편하다고 하면 어떻게 해야 할까요?
  - 왜 하지 말아야 할까요?
    - 친구를 힘들게 하는 것이므로 하지 말아야 한다.
    - 다른 사람에게 피해를 주는 행동이므로 하지 말아야 한다.
○ 유아들과 의논하여 학급에서 겪었던 상황을 중심으로 문제 상황을 설정한다.
○ 유아들이 문제 상황의 역할을 맡아 바르지 않게 말하는 모습과 바르게 말하는 모습을 상황극으로 표현한다.

|상황 1 : 간식 시간|

상황 1에 따른 역할극하기

　　간식 시간에 계속 웃긴 말을 하는 ○○ 때문에 친구들이 웃느라 간식을 먹지 못하고 있어서 □□가 '하지마' 라고 이야기 했지만 ○○는 계속해서 웃긴 말을 하고 있다.

- 간식 시간에 어떤 일이 있었나요?
- 왜 ○○는 친구가 하지 말라고 말을 하는데도 계속해서 웃긴 말을 했을까요?
  - 누구한테 이야기하는 것인지 몰랐다.
  - 자기한테는 재미있는 말이어서 다른 사람도 재미있다고 생각했다.
  - 친구가 무엇을 하지 말라고 하는 것인지 정확하게 몰랐다.
- 친구에게 불편하다는 것을 잘 알려주려면 어떻게 말해야 할까요?
  - 친구의 이름을 부른 후 나를 쳐다보면 이야기를 한다.
  - 무엇 때문에 불편한지를 정확하게 말해야 한다.
- 친구가 내가 하는 행동 때문에 불편하다고 하면 어떻게 해야 할까요? 왜 그래야 할까요?
  - 여러 사람들이 함께 지내는 곳이므로 다른 사람에게 불편을 주는 행동은 하지 말아야 한다.

|상황 2 : 우체국 놀이|

상황 2에 따른 역할극하기

　　역할 놀이 영역에서 우체국 직원 역할을 맡은 ○○와 □□가 도장을 찍고 있는데 편지를 쓰던 △△는 직원 역할을 하고 싶어져서 '왜 너만 계속 하는 거야? 양보해.' 라고 말한다. 그러자 □□는 '내가 먼저 시작했어.' 라고 말한다.

■ 우체국 놀이를 하면서 어떤 일이 있었나요?

■ 친구에게 부탁할 것이 있거나 이야기하고 싶은 것이 있을 때에는 어떻게 말을 해야 할까요?

   • 친절하게 물어본다.

■ 내가 먼저 놀이를 시작했는데 다른 친구가 하고 싶다고 말하면 꼭 양보를 해야 하나요? 양보하기 힘들 때는 어떻게 해야 하나요?

   • 양보해 주기 힘든 이유를 친절하게 말한다.

   • 양보해 주지 못해서 미안하다고 말하고 자신이 놀이를 마칠 때까지 기다려달 라고 한다.

유의점

■ 친구에게 말을 했으나 문제가 해결되지 않았던 경험을 이야기할 때 특정 유아 의 문제행동이 공개적으로 비난받지 않도록 유의한다.

■ 상황극을 하기 전에 유아가 표현하는 행동이 역할을 맡은 유아의 모습이 아닌 가상의 인물임을 이야기하거나 가명을 지어서 활동한다.

관련활동

■ 이야기나누기 '친구를 기분 나쁘게 하는 일' (64쪽 참고)

■ 노래 '꾹 참았네' (71쪽 참고)

친구에게 사과하는 말

집단형태
대집단활동

활동유형
동화

활동자료
낮은 책상, 반입체 동화자료
'미안해'(샘 맥브래트니 지음, 김서정 옮김. 중앙 M&B)

활동목표
- 나의 감정과 행동을 적절히 조절한다.
- 학급 구성원 간에 지켜야 할 예절을 알고 지킨다.
- 문학작품을 즐겁게 감상한다.

활동방법
○ 동화를 듣는다.
○ 동화를 들은 후의 생각이나 느낌에 대해 이야기해 본다.
○ 동화 속 이야기와 유사한 자신의 경험에 대해서 생각해 본다.
- 동화 속에 나왔던 이야기와 비슷한 일이 있었나요?
- 친구와 다투거나 속상한 일이 있었을 때 어떻게 했나요?
○ 친구들과 다툼이 생겼을 때의 대처방법에 대해 이야기를 나눈다.
- 친구와 내가 생각이 달라 다툼이 생겼을 때 어떻게 해야 할까요?
  • 친구의 이야기를 들어본다.
  • 자신의 상황과 생각을 친구에게 말한다.
  • 내가 잘못한 일이 있을 경우 '미안해.' 라고 말하며 진심으로 사과한다.
  • 친구가 미안하다고 사과해서 화난 마음이 풀리면 '괜찮아.' 라고 말하며 사과를 받아준다.
○ 친구에게 미안했던 일을 그림 또는 글씨로 표현해볼 것을 제안한다.
- 친구에게 미안했던 일을 적을 수 있는 종이를 언어 영역에 두었어요.
- 방안 놀이 시간에 글씨로 적거나 그림을 그려서 언어 영역 게시판에 붙여 보세요.
- 친구들이 어떤 이야기를 적었는지 방안놀이 시간에 보기도 하고, 함께 모여 앉아서 이야기도 나눠봅시다.

관련활동
- 노래 '꾹 참았네' (71쪽 참고)
- 이야기나누기 '친구를 기분 나쁘게 하는 일' (64쪽 참고)

활동 11 꾹 참았네

활동목표

- 나의 감정과 행동을 적절히 조절한다.
- 친구와 사이좋게 지내는 방법은 알고 실천한다.

활동방법

○ 방안놀이를 마친 후 놀이 평가를 한다.

- 하루 동안 지내면서 즐거웠던 일이 있었나요?
- 속상하거나 화나는 일도 있었나요?

○ 교사가 준비한 그림자료를 보며 문제상황과 해결방법에 대해 이야기를 나눈다.

- 어떤 일이 벌어진 걸까요?
  - 한 아이가 친구들이 만든 블록을 무너뜨렸다.
- 혹시 ○○○반 어린이들도 이런 일이 있었나요?
- 왜 블록을 넘어뜨리게 되었을까요?
  - 친구들 가까이 지나가다가 모르고 손으로 블록을 건드려서 블록이 무너졌다.
  - 친구가 장난을 하다가 블록을 쳐서 블록이 무너졌다.
- 내가 블록으로 만든 성이나 집을 다른 사람이 부수고 지나간다면 기분이 어떨까요?
  - 열심히 만들었는데, 무너져서 속상하다. 기분이 나쁘다. 친구에게 화내고 싶다.
- 그럴 때에는 어떻게 해야 할까요? 친구에게 뭐라고 이야기해줄 수 있을까요?
  - 친구가 일부러 무너뜨리지 않았을 경우 '다음부터 조심해.' 라고 말한다.
  - 친구가 장난을 하다가 블록을 무너뜨린 경우 '열심히 만든 블록이 무너져서 속상해. 다음부터 그러지마.' 라고 말한다.
- 모두 함께 '다음부턴 그러지마.' 라고 이야기해 봅시다.

○ 이야기한 내용을 노래로 불러본다.

- 이런 이야기를 노래로 들어보자.

○ 유아들과 노래를 나누어 불러본다. **T**IP

○ 함께 노래를 불러본다.

○ 함께 놀이를 하면서 또 어떤 일이 있을 때 불편했는지, 그때의 해결방법은 무엇인지에 대하여 이야기를 나눈다.

집단형태

대집단활동

활동유형

노래

활동자료

문제 상황이 제시된 그림자료(옆에 지나가다가 블록으로 만든 구성물을 무너뜨리는 장면) 노래자료(글씨자료), 게시판

'꾹 참았네' 활동자료 – 옆에 지나가다가 블록으로 만든 구성물을 무너뜨리는 장면

TIP 교사, 유아가 노래의 부분을 나누어서 부를 때 비교적 기억하기 쉽고 반복되는 부분을 유아들이 부를 수 있도록 한다.
예) '다음부터 그러지 마라'

○ 이야기한 내용으로 노랫말을 바꾸어 불러본다.

관련활동

■ 이야기나누기 '친구를 기분 나쁘게 하는 일' (64쪽 참고)

■ 이야기나누기 '놀이 평가하기 I—놀이 평가판에 기분 표시하기' (89쪽 참고)

■ 이야기나누기 '놀이 평가하기 II' (94쪽 참고)

악보

꾹 참았네

작사 · 작곡 김진영

활동 12 상황에 맞는 말 사용하기

활동목표

- 상황에 맞는 말을 알고 적절히 사용한다.
- 학급 친구들 간에 지켜야 할 예절을 지킨다.

활동방법

○ 실내자유선택활동 중 유아들이 각 놀이상황에서 적절하게 혹은 부적절하게 말을 주고받았을 때, 놀이가 끝난 후 모여 앉아 놀이 평가를 한다.

- 선생님이 ○○○반 어린이들이 친구들과 사이좋게 놀이하는 모습을 보아서 이 야기해 주려고 해요. △△가 비행기를 가지고 놀고 있는데 ◇◇가 다가와서 비 행기를 빌려달라고 하였어요. △△가 어떻게 대답했을까요?
- △△는 빌려준다고 했고, 비행기를 받은 ◇◇는 고맙다고 말하였어요. 만약에 빌려달라고 했는데 못 들은 척 하거나, 비행기를 빌려 받았는데 고마움을 표현 하지 않는다면 어떨까요?

○ 언어 영역에서 '상황에 맞는 말' 자료를 만들고 연습해본다.

○ 사진자료를 보며 상황에 맞는 말에 대해 이야기를 나눈다.

- 우리는 유치원에서 생활을 하면서 때에 따라 친구나 선생님과 여러 가지 말을 주고받아요.
- 선생님이 여러 가지 사진을 준비했어요. 사진을 보며 어떤 말을 하면 좋을지 생 각해 봅시다.
- 이 사진은 어떤 모습인가요? 이 친구에게 어떤 말을 하면 좋을까요? **T IP 2**

유의점

- 유아들이 일상생활에서 상황에 맞는 말을 잘 찾아 쓰고 있는지 관찰한다. 이후 놀이 평가 시간을 통해 유아들이 쓴 종이를 보면서 함께 이야기나누는 시간을 가져 유아들이 상황에 맞는 말을 사용할 수 있도록 지속적으로 지도한다.

관련활동

- 이야기나누기 '친구를 기분 좋게 하는 일' (63쪽 참고)
- 이야기나누기 '친구를 기분 나쁘게 하는 일' (64쪽 참고)

집단형태

소집단활동 · 개별활동

활동유형

언어 영역 · 이야기나누기

활동자료

각 상황별 사진(예: 친구와 장 난감을 나누어 갖는 모습, 지 나가다 앞 친구를 모르고 건 드리는 모습, 넘어진 친구가 일어나기 쉽도록 손을 잡아주 는 모습 등 **T IP 1**) 조각 종 이, 사인펜, 색연필, 연필 등 필기도구, 셀로판테이프

사진자료 예 – 장난감 나누어 쓰기

T IP 1 각 상황은 교사가 교실 내에서 유아들의 상호작용하는 모 습을 보면서 대표할 수 있는 상황 을 찾아내고 구분하여 선정한다.

T IP 2 글씨를 쓰기 힘들어 하 거나, 상황에 적절치 않은 말을 사용 했을 경우 개별적으로 도움을 준다.

활동 13 인사예절

집단형태

대집단활동

활동유형

사회

활동자료

공손히 인사하는 모습 사진(그림)자료, 각종 인사하는 상황 사진(그림)자료, '인사를 했어요' 표시판

'인사를 했어요' 표시판

활동목표

- 상황에 적절한 인사말을 안다.
- 바르게 인사하는 방법을 안다.
- 바르게 인사하는 습관을 기른다.

활동방법

○ 사진(그림)을 보며 여러 가지 인사말에 대하여 이야기를 나눈다.

- 우리는 언제 인사를 하나요? 누구에게 어떤 말로 인사를 하나요?
  - 아침에 일어나서 부모님께 : "안녕히 주무셨어요?"
  - 유치원에 도착해 교실로 들어갈 때 부모님께 : "다녀오겠습니다."
  - 유치원에 와서 선생님께 : "안녕하세요?"
  - 부모님께서 차려주신 밥을 먹기 전에 : "잘 먹겠습니다."
  - 밥을 다 먹은 후에 부모님께 : "잘 먹었습니다."
  - 친구의 기분을 나쁘게 했을 때 : "미안해."
  - 친구가 사과했을 때 : "괜찮아."
  - 친구와 헤어질 때 : "안녕, 잘 가."
  - 외출 후 집에 도착했을 때 부모님께 : "다녀왔습니다."

○ 인사를 나누는 태도에 대하여 이야기를 나눈다.

- 인사 때문에 기분이 상한 적이 있었나요?
  - 아는 친구가 인사를 하지 않고 그냥 가버렸을 때
  - 친구에게 인사를 했는데 친구가 대답하지 않을 때
  - 반갑게 인사를 했는데 인사를 잘 받아주지 않았을 때
- 인사를 나누면서 기분이 좋을 때는 언제였나요?
  - 인사를 하면 친구가 함께 반갑게 인사했을 때
  - 어른께 인사를 드리고 칭찬을 받았을 때
- 인사를 반갑게 나누면 상대방의 안부를 물으며 서로의 상황을 알 수 있어요. 그리고 서로의 기분이 좋아지기도 해요. 인사를 할 때는 어떠한 태도로 해야 하나요?
  - 누구에게 인사를 하든지 마음을 담아서 진심으로 인사한다.
  - 바른 자세와 웃는 얼굴로 인사한다.

• 상대방의 눈을 바라보면서 즐겁게 인사한다.

○ 바르게 인사를 하는 방법들에 대해 알아보고 연습한다.

■ 어른들께는 어떻게 인사를 해야 하나요?

• 어른들과 마주치게 되면 언제라도 어른을 바라보고 인사를 한다.

• 어른에게 인사를 드릴 경우에는 두 손을 모아 허리를 굽히고 고개를 숙여서 인사를 한다.

■ 우리가 이야기한 대로 다 같이 어른(선생님)께 인사를 해보세요.

• 두 손을 모으고 허리를 굽혀 인사한다.

■ 친구들과는 어떻게 인사를 하나요? 친구들과 인사를 나눠보세요.

• 밝은 표정으로 인사를 나눈다.

• 손을 흔들거나 악수를 나누며 인사한다.

○ 놀이 평가 시간을 통해 인사하기를 잘 실천할 수 있는 방안에 대하여 의논한다.

■ 오늘 하루 동안 누구와 만나 인사했나요? 어떤 인사말을 했나요?

■ 그런데 아직도 유치원에 계신 어른들께 인사를 잘 하지 않는 어린이들이 많이 있어요. 어떻게 하면 인사를 잘 할 수 있을까요?

• 지나가시는 어른을 주의 깊게 보고 인사한다.

• '인사를 했어요.' 표시판을 만들어서 선생님들께 인사를 하고 칸에 표시를 한다. 유치원에서 생활하며 자기가 공손하게 인사를 드린 선생님의 칸에 '○' 표시를 한다. 하루 동안 유치원에 계시는 선생님들께 바르게 인사를 드렸는지 알 수 있다. **Ⓣ**IP

유의점

■ 교사는 일상생활에서 유아들의 인사 습관에 대해 유심히 관찰하고 수시로 놀이 평가 시간을 통해 인사 예절에 대해 상기시켜 준다.

○○○반의 선생님과 친구들

바르게 인사하는 연습하기

ⓉIP 신학기에 인사를 드린 유치원 어른들 사진 칸에 표시를 하는 '인사를 했어요.' 표시판활동을 통해 유치원 구성원들을 익히고 유아들이 인사하기를 적극적으로 실천하여 기본생활습관 형성에 도움이 될 수 있다.

활동 14 생일 축하 계획하기

집단형태

대집단활동

활동유형

이야기나누기

활동자료

달력, 생일 선물집(유아들이 그린 그림을 끼울 수 있는 B4 크기의 파일), 생일 축하카드

> **TIP 1** 달력에 유아들 생일을 표시해 둔다.

> **TIP 2** 생일 축하를 계획할 때에는 생일을 맞은 유아의 성향과 소요 시간을 고려하여 프로그램 내용과 수를 적절히 구성한다 (예: 동극과 노래/수수께끼와 율동, 악기연주 등).

생일 축하 계획하기

활동목표

- 친구의 생일을 축하하는 마음을 갖는다.
- 축하하는 마음을 다양한 방법으로 표현한다.
- 친구의 생일을 적극적으로 계획하고 준비하는 태도를 기른다.

활동방법

○ 첫 번째 생일 축하활동을 하기 며칠 전에 유아들과 달력을 보며 이야기나눈다. **TIP 1**

- 달력에 무엇이 붙어 있나요?
  - 친구들의 얼굴 사진
- 이것은 어떤 표시일까요?
  - 이 날은 이 친구의 생일이라는 표시이다.
- ○월에는 누구의 생일이 있나요? 모두 몇 명인가요?
- 곧 누구의 생일이 다가오나요?

○ 생일에 대한 유아들의 지식과 경험을 이야기를 나눈다.

- 생일은 어떤 날인가요?
- 생일이 되면 사람들은 무엇을 하고, 어떻게 지내나요?
- 사람들은 가족이나 친구의 생일을 어떻게 축하해 주나요?

○ 생일 축하방법을 계획한다.

- 이번주 ○요일은 ○○의 생일이에요.
- 어떻게 하면 ○○의 마음을 기쁘게 해 줄 수 있을까요? ○○가 좋아하는 것들을 생각해 봅시다. **TIP 2**
  - 선물을 만들어 준다(예: 그림, 데칼코마니, 종이 물들이기 등).
  - 카드나 편지 써준다.
  - 수수께끼를 낸다.
  - ○○가 좋아하는 노래를 불러준다.
  - ○○가 좋아하는 율동(악기 연주)을 보여준다.
  - ○○가 좋아하는 동화(동극, 인형극)를 보여준다.
  - ○○가 좋아하는 게임을 한다.
- ○○는 친구들이 어떤 것을 보여주었으면 좋겠나요?

- □□(동극, 인형극 등)을 보여주려면 무엇을 준비해야 할까요?
- ○○의 생일을 축하하는 마음으로 노래를 불러줄 사람(동극을 보여줄 사람, 율동을 보여줄 사람 등)은 손들어 봅시다.
- 언제, 어디서, 얼마나 연습하면 좋을까요? **T** IP 3
○ 방안놀이 시간에 유아들이 생일 선물로 줄 생일카드와 조형 작품을 만든다. 유아들과 계획한 프로그램을 연습한다. **T** IP 4

T IP 3 생일 축하 프로그램과 역할에 대한 계획을 화이트보드에 기록한다. 이때 가급적 모든 유아들이 참여할 수 있도록 한다.

생일선물집 표지의 예

생일선물 겉장과 교사 · 유아가 쓴
생일축하카드

T IP 4 유아들이 실내자유선택활동 시간에 각자가 준비하는 생일 선물(예: 그림, 카드 등)을 만든 후 생일 선물집에 넣을 수 있도록 한다.

생일 선물집에 생일 선물 넣기

유의점

- 생일 축하 프로그램을 구성하고, 연습하는 데에 시간이 필요하므로 본 활동은 생일 축하일 며칠 전에 실시하도록 한다.
- 생일 축하를 하기 2~3일 전부터 유아들이 방안놀이 시 조형 영역에서 생일을 맞은 유아에게 선물로 줄 생일 그림을 그린다. 그림을 다 그리면 교사가 이야기를 적어주고, 완성된 생일 그림은 생일 선물집에 모아 놓는다. 생일 선물집은 조형 영역에 두어 생일을 맞은 유아와 원하는 유아들이 수시로 생일 그림을 볼 수 있도록 한다.

관련활동

- 이야기나누기 '생일 축하' (78쪽 참고)

활동
15 생일 축하

집단형태
대집단활동

활동유형
이야기나누기

활동자료
책상, 테이블보, 생일 선물집, 생일 축하활동에 필요한 준비물(유아들과 상의하여 준비하기)

TIP 1 생일 축하활동은 소요시간이 비교적 긴 편이므로 의자 간 간격을 조절하여 유아들이 오랜 시간 편히 앉을 수 있도록 한다.

TIP 2 유아들이 앞으로 나오면 교사와 생일 맞은 유아는 자리를 옮겨 활동 공간을 마련한다.

생일 맞은 유아를 위해 동극하기

활동목표
- 친구의 생일을 축하하는 마음을 갖는다.
- 축하하는 마음을 다양한 방법으로 표현한다.

활동방법
○ 생일 축하하는 날 계획하기 시간에 생일을 맞은 유아에게 생일 꽃을 달아 준다.
- 오늘은 누구의 생일 축하를 하는 날인가요?
- 생일 맞은 ○○에게 선생님이 생일 축하 꽃을 달아 줄게요. 그동안 다른 사람들은 생일 축하 노래를 불러주세요.
○ 생일 축하계획을 회상한다.
- 그동안 ○○, △△의 생일을 축하하기 위해 우리가 무엇을 준비하고 연습했나요?
  - 동극, 율동, 게임 등의 활동
  - 생일 선물
- 마당 놀이가 끝난 후에 ○○, △△의 생일 축하를 할 거에요. 생일을 축하할 때 각자 맡은 역할을 잘 기억하고 즐겁게 생일 축하를 하기로 해요.
○ 생일 축하를 시작하기 전, 유아들과 함께 생일 축하를 할 수 있도록 환경을 준비한다.
- 생일 축하를 하기 전 마당 놀이 시간에 교실에서 생일 축하를 할 수 있도록 준비할 거예요.
- 무엇을 준비해야 할까요?
  - 생일 맞은 친구들, 생일을 축하해 주는 친구들, 선생님, 생일 맞은 친구의 부모님이 앉을 자리를 마련한다. **TIP 1**
  - 생일 축하에 쓸 책상에 보를 씌우고, 예쁜 화분을 올려둔다.
  - 그동안 준비한 생일 선물집을 책상 위에 올려둔다.
○ 생일 맞은 유아와 부모님이 착석하고 자리정돈이 된 후 생일 축하 시작을 알린다.
- 누가 생일 축하를 시작하는 말을 해줄까요?
  - 지금부터 ○○의 생일 축하를 시작하겠습니다.
○ 생일을 축하하기 위해 계획하고 연습한 것들을 생일 맞은 유아에게 보여준다.
- ○○의 생일을 축하하기 위해 우리가 무엇을 준비했나요?
- 먼저 ○○를 하기로 한 사람들이 나와서 준비합시다. **TIP 2**

○ 친구들의 생일 축하가 끝나면 생일 맞은 유아의 이야기를 듣는다.

 ■ 지금 기분이 어떤가요?

 ■ 친구들에게 어떤 생각이 드나요?

 ■ 친구들에게 보여주거나, 들려주려고 준비한 것이 있나요?

○ 생일을 맞은 유아의 부모님께서 학급 유아들에게 생일 맞은 유아의 성장과정에 관한 이야기를 들려주거나 준비해온 사진을 보여준다.

 ■ ○○의 부모님께서 ○○의 생일을 축하해 주어서 고마운 마음으로 ○○의 어렸을 때 이야기를 들려주실 거예요.

 ■ ○○어머님(아버님) 말씀을 잘 들어보자.

○ 생일 선물집을 소개하고 생일을 맞은 유아에게 전해준다.

 ■ 그동안 준비한 생일 선물집을 ○○에게 전해줄게요.

 ■ 다시 한 번 다 함께 "생일 축하해."라고 이야기하고 박수를 쳐줍시다.

○ 생일 축하를 마친다.

 ■ 이것으로 ○○의 생일 축하를 마치겠습니다.

유의점

 ■ 생일 축하를 실시하기 약 일주일 전, 생일을 맞은 유아의 부모에게 생일 축하에 관한 준비사항(예: 날짜 및 시간, 활동 내용, 생일 맞은 유아가 친구들에게 답례로 보여줄 것, 부모님께서 학급 유아들에게 들려주실 이야기 등)을 안내한다.

관련활동

 ■ 이야기나누기 '생일 축하 계획하기' (76쪽 참고)

○○○반의 선생님과 친구들

생일 맞은 유아가 답례하기

생일 맞은 유아의 부모님 말씀 듣기

집단형태
자유선택활동 · 대집단활동

활동유형
역할 놀이 영역 · 이야기나누기

활동자료
요리활동 사진(예: 영양 주먹 밥 만들기 등), 요리 순서도를 만들 도구(예: 종이, 필기구, 풀, 가위, 디지털카메라, 여러 가지 음식 모형, 식기류 등)

요리 순서도 만들기

음식점 놀이하기

TIP 유아들이 새로운 요리 순서도를 만들기를 원할 경우, 실제로 요리활동을 실시한 후 만들거나 요리책을 참고하여 만들게 한다.

활동목표

■ 요리활동을 회상하며 요리 순서도를 만들어 본다.
■ 유치원에서 다양한 활동을 할 수 있음을 안다.

활동방법

○ 유아들과 △△요리활동을 한 후 역할 놀이 영역에서 △△ 만들기 놀이를 하는 유아들이 있을 경우, 놀이를 마친 후 놀이 평가를 한다.

■ 오늘 역할 놀이 영역에서 재미있는 놀이를 하던데, 어떤 놀이를 했는지 이야기 해줄 사람 있나요?

• △△음식을 만드는 것이 재미있었다.

■ 그 음식을 어떻게 만들었는지 친구들에게 이야기해줄 수 있나요?
■ 다른 친구들이 그 음식을 만들어 보고 싶을 때, 어떻게 만들 수 있을까요?

• △△요리활동했던 것을 잘 기억하여 순서도를 만든다.

○ 순서도를 만들 계획을 세운다.

■ 순서도를 어떻게 만들까요?

• 요리활동을 했던 사진들을 뽑아 종이에 차례대로 붙인다.
• 역할 놀이 영역에 있는 음식 소품 중에 △△요리에 사용된 음식재료와 가장 비슷한 것을 찾고, 요리하는 과정을 사진 찍는다. 사진을 뽑아 실제 요리했던 사진 밑에 함께 붙인다.
• 사진 밑에 요리방법을 글로 적는다.

○ 요리 순서도를 만든다.

○ 요리 순서도를 완성한 후, 역할 놀이 영역에 비치해 놓아 △△ 음식 만들기 놀이를 할 때 활용하도록 한다. **TIP**

관련활동

■ 과학 '영양 주먹밥 만들기' (142쪽 참고)

활동목표

■ 가위질을 하면서 손의 방향과 힘을 조절한다.

활동방법

○ 준비된 색종이를 보며 이야기를 나눈다.

■ 무슨 무늬가 그려져 있나요? 모양을 보니 무엇이 생각나나요?

■ 가위로 자르면 어떻게 될까요?

• 길게 이어진다.

○ 유아들에게 실선, 점선으로 표시된 두 가지 모형을 보여주고 선택하게 한다.

○ 다음의 방법에 따라 유아가 모양 달팽이집 모빌을 만들도록 한다.

■ 색종이에 이름을 적으세요.

■ 가위로 선을 따라 자르세요.

■ 다 자른 후 색종이에 그림을 그리거나 꾸미기 재료를 붙여 꾸미세요.

○ 완성된 작품을 천장에 매달아 장식한다.

유의점

■ 왼손잡이 유아를 고려한 종이와 가위를 준비한다.

집단형태

자유선택활동

활동유형

조형 영역

활동자료

색종이(점선, 실선이 복사된 색종이) **T**IP, 가위, 네임펜, 셀로판테이프, 꾸미기 재료 (예: 색공 작은 것, 색 리본 작은 것 등)

'모양 달팽이집 모빌' 활동자료

달팽이 모빌 본

TIP 유아들이 가위질하기 편리하도록 가위질 선에 화살표를 표기한다. 유아들이 발달수준에 맞는 종이를 선택할 수 있도록 종이의 크기와 모양, 선의 굵기를 다양하게 준비한다.

달팽이 모빌 전시

북소리에 맞추어 걷기

집단형태
대집단활동

활동유형
율동

활동자료
북, 북채

■ 소리의 세기와 빠르기를 구분한다.

■ 몸의 움직임을 조절하여 소리의 세기와 빠르기를 표현한다.

○ 대집단으로 율동을 할 수 있는 넓은 장소에 반원대형으로 모여 앉는다.

○ 북과 북채를 보여준다.

■ 이것은 무엇일까요?

• 북, 북채

■ (교사가 북을 쳐주며) 소리를 들어보세요.

○ 북소리를 크고 작게 들려주고, 소리의 세기를 말로 표현해 본다.

■ 이번에는 소리가 어떻게 다른지 들어봅시다.

■ 소리가 어땠나요?

• 처음에는 컸다.

• 나중에는 작았다.

■ (교사가 북을 세게 치며) 이렇게 큰 소리를 '강' 이라고 하고, (약하게 치며) 작은 소리를 '약' 이라고 해요. **TIP 1**

■ 북소리를 잘 듣고 소리가 크면 '강', 작으면 '약' 이라고 말해봅시다.

• (교사가 북을 세게 한 번 친다) 강, (약하게 한 번 친다) 약

• (다양한 순서로 반복한다) 강 · 강 · 약 · 약 · 약 · 강…

○ 북소리의 세기를 손뼉으로 표현해 본다. **TIP 2**

■ 북소리를 듣고 손뼉을 쳐봅시다. 북소리가 크면 손뼉을 어떻게 쳐야 할까요?

• 크게 친다.

■ 북소리가 작으면 어떻게 쳐야 할까요?

• 작게 친다.

■ 소리를 잘 듣고 손뼉을 쳐 보세요.

■ 선생님이 북의 윗부분을 치면 손뼉을 멈추기로 해요.

○ 북소리의 세기로 리듬을 구성하고, 리듬에 따라 손뼉을 친다.

■ 이번에는 순서를 만들어서 북소리를 내 볼게요. 잘 들어보세요. (강 · 약 순서로

TIP 1 유아들이 강, 약을 구별할 수 있도록 소리의 세기에 명확한 차이를 두어 연주한다.

TIP 2 교사는 유아들이 손뼉을 칠 때 강, 약을 명확하게 표현할 수 있도록 격려한다.

북을 친다) 어떤 순서였나요?

　　• 강 · 약 · 강 · 약

■ 그럼 이번에는 순서를 다르게 해볼게요. (강 · 약 · 약 순서로 북을 친다) 이번에
　는 어떤 순서였나요?

　　• 강 · 약 · 약

■ 또 다른 순서로 해봐요.

○ 교사 혹은 2~3명의 유아가 앞에 나와서 북소리에 맞추어 걷는 것을 보여준다. **T**IP 3

■ 북소리에 맞추어 걸어 봅시다. 앞에 나와서 걷는 것을 보여줄 수 있는 사람 있나요?

■ 앞에 나온 사람은 다른 친구들이 잘 볼 수 있도록 앞을 바라보고 서세요.

■ 북소리에 맞추어 자유롭게 걸어 보세요.

■ 북소리에 맞추어 걸어가서 자리에 앉으세요.

○ 유아들이 6~7명씩 앞에 나와서 북소리에 맞추어 걷는다.

■ ○○는 발소리를 아주 작게 내면서 걷고 있구나.

■ ○○처럼 몸을 작게 웅크리고 걸을 수도 있네. **T**IP 4

○ 모든 유아들이 북소리에 맞추어 걷는다.

■ 다함께 나와서 걸어봅시다. 많은 사람들이 걸을 때 서로 부딪히지 않으려면 어
　떻게 해야 할까요?

　　• 앞을 잘 보고 걷는다.

　　• 다른 사람과 마주치면 옆으로 피해서 걷는다.

　　• 한 방향을 정해서 정해진 방향으로 걷는다.

■ 북소리에 맞추어 걸어가세요.

○ 유아들이 북소리의 세기에 따라 걷는 것이 익숙해지면 북소리의 빠르기에도 변화
　를 준다.

■ 선생님이 북을 작고 빠르게 치면(북소리를 들려준다) 어떻게 걸어야 할까요?

　　• 빠른 속도로 살살 걸어간다.

■ 북을 크고 느리게 치면 어떻게 해야 할까요? 걸어가 보세요.

관련활동

■ 율동 '걷기' (134쪽 참고)

TIP 3　시범 보이는 유아는 소
리에 맞추어 정확하게 크고 작은
발걸음을 표현할 수 있어야 한다.
교사는 손뼉을 칠 때부터 유아들
을 잘 관찰한 뒤 강, 약을 명확히
구별해서 표현한 유아에게 시범을
보이도록 한다.

TIP 4　교사는 유아들의 움직
임을 구체적으로 묘사해 준다.

○○○반의 선생님과 친구들

큰 북소리에 맞추어 걷기

작은 북소리에 맞추어 걷기

3. 유치원에서의 즐거운 생활

활동 1

일과 계획하기

집단형태
대집단활동

활동유형

이야기나누기

활동자료

그림시간표

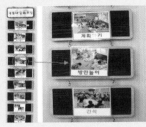

그림시간표

그림시간표 소개하기

TIP 하루 동안 특별히 진행되는 일, 새롭게 제공된 교구, 반드시 해야 할 것, 기억해야 할 것 등을 소개해 유아들이 일과에 잘 적응할 수 있도록 한다.

활동목표

- 유치원에서 다양하고 재미있는 활동을 할 수 있음을 안다.
- 유치원에서의 하루 일과를 알고 안정감을 갖는다.

활동방법

○ 유치원에서의 일과를 나타내는 그림시간표를 소개한다.

- 이것은 그림시간표라고 해요. (그림시간표를 보며) 여기에 어떤 그림들이 붙어 있나요?
- 그림시간표를 보면 무엇을 알 수 있을까요?
  - 오늘 하루 동안 유치원에서 무엇을 하면서 지내는지 알 수 있다.
  - 오늘 하는 여러 가지 활동의 순서를 알 수 있다.

○ 일과 계획의 필요성에 대하여 이야기를 나눈다.

- 그림시간표가 왜 필요할까요?
  - 일과를 알고 미리 준비할 수 있다.
- 유치원에서 하루 동안 어떻게 지낼지를 미리 생각해 보고 해야 할 것, 알아야 할 것들에 대해 이야기나누는 것을 '계획하기'라고 해요.
- 매일 아침 ○시 ○분에는 그림시간표를 보면서 '계획하기'를 할 것이므로 늦지 않게 유치원에 오도록 해요.

○ 그림시간표 보면서 일과를 계획한다. **TIP**

- 방안놀이 시간에 조형 영역에서 '○○○ 만들기'를 할 수 있어요.
- 오늘은 그림책을 빌려가는 월요일이에요. 간식을 다 먹은 후에는 그림책을 빌리러 도서실에 갈 거예요.

확장활동

- 학기 초에는 교사가 모든 일과를 계획하나 유아들이 하루 일과의 패턴과 흐름을 충분히 이해한 후에는 유아들과 함께 일과를 계획한다.

관련활동

- 이야기나누기 '놀이 계획하기' (87쪽 참고)
- 이야기나누기 '놀이 평가하기 I-놀이 평가판에 기분 표시하기' (89쪽 참고)

활동 2 놀이 계획하기

활동목표

- 놀이 계획의 의미와 필요성을 안다.
- 놀이를 스스로 계획하고 평가하는 태도를 기른다.

활동방법

○ 계획하기 시간에 모여 앉아 '방향 노래'를 부른다. 노랫말 속에 손가락으로 가리키는 부분을 교실의 각 흥미 영역으로 바꾸어 부른다.

○ 각 흥미 영역의 표시판을 융판에 붙이면 유아들이 어떤 영역인지 이야기한다.

- 이 그림을 어디에서 보았나요? 무엇을 나타내는 그림인가요? 이곳에서 어떤 놀이를 할 수 있나요?

○ 유아들에게 놀이 표시들을 소개한다.

- 이 그림은 어떤 놀이를 나타내는 표시일까요?

- 이 놀이 표시를 언제 사용할까요?

 • 아침에 등원해서 방안놀이 시간에 하고 싶은 놀이 세 가지를 선택해서 이름표 판에 있는 주머니에 넣는다.

 예 1) 만약 방안놀이 시간에 역할 놀이를 하고 싶으면 역할 놀이 영역 표시를 이름표 판의 주머니에 넣는다.

 예 2) 역할 놀이를 마친 다음 책을 읽고 싶을 때에는 언어 영역 표시를 이름표 판 주머니의 역할 놀이 영역 표시 옆에 넣는다.

 예 3) 책을 다 읽은 후에 그림을 그리고 싶으면 조형 영역 표시를 이름표 판 주머니의 언어 영역 표시 옆에 넣는다.

○ 놀이 계획의 필요성에 대하여 이야기를 나눈다.

- 이렇게 하고 싶은 놀이를 미리 생각하고 결정하는 것을 '놀이 계획'이라고 해요. 놀이 표시를 사용해서 놀이를 계획하면 알 수 있는 것들이 있어요.

 • 자기가 어떤 놀이를 했는지, 몇 종류의 놀이를 했는지 알 수 있다.

 • 친구들이 무슨 놀이를 했는지, 지금 어떤 놀이를 하고 있는지 알 수 있다.

 • 선생님도 누가 무슨 놀이를 했는지, 지금 어떤 놀이를 하고 있는지, 몇 종류의 놀이를 했는지 알 수 있다.

○ 놀이 표시의 정리방법에 대해서 의논한다.

집단형태
대집단활동

활동유형
이야기나누기

활동자료
놀이 표시, 흥미 영역 표시판, 게시판

놀이 표시

흥미 영역 표시판

출석판에 놀이 계획하기

■ 놀이 표시는 어떻게 정리할까요?

　• 집에 가기 전에 사진 이름표를 뗄 때 함께 꺼내어 제자리에 정리한다.

○ 놀이 표시를 걸고 실내자유선택활동을 시작한다.

유의점

■ 귀가 시간에 유아들이 놀이 표시 및 이름표를 뗄 때, 혼잡하지 않도록 3~4명씩 시차를 두어 이름을 불러준다.

■ 이 활동을 처음 시작할 때는 유아들이 놀이 표시를 거는 일 자체에 흥미를 느껴, 놀이에 집중하지 못하고 평소보다 여러 가지 더 많은 놀이를 해서 7~8가지의 놀이 표시를 겹쳐 넣는 일이 많다. 그러나 약 1주일 정도가 지나면 차츰 안정되어 대부분의 유아들이 2~3가지 영역의 활동을 하게 된다. 따라서 놀이 표시의 수는 유아들의 반응을 참고로 하여 제공하되, 초기에는 넉넉하게 준비해 주고 손쉬운 위치에 여분의 놀이 표시를 준비하여 필요할 때는 언제나 보충해줄 수 있도록 한다.

■ 유아들이 처음 놀이 표시를 이용하여 놀이 계획을 할 때, 놀이를 하기 전 세 가지 놀이 표시를 모두 주머니에 넣고 놀이를 시작하기도 하고, 한 가지 놀이를 끝낸 후 와서 다음 놀이 표시판을 넣기도 한다. 유아들이 놀이 계획의 의미를 알고 실천하는 데에 익숙해지기까지 교사는 각 유아들의 놀이 계획방법의 적응과정을 관찰하며 격려한다. 유아들이 놀이 계획에 익숙해지면 등원 후 바로 그날의 놀이를 모두 계획한 후에 놀이를 시작하도록 한다.

관련활동

■ 이야기나누기 '일과 계획하기' (86쪽 참고)

■ 이야기나누기 '놀이 평가하기 I – 놀이 평가판에 기분 표시하기' (89쪽 참고)

■ 노래 '방향 노래' (46쪽 참고)

활동 3 놀이 평가하기 I — 놀이 평가판에 기분 표시하기

집단형태
대집단활동. 개별활동

활동유형
이야기나누기

활동자료
개별 놀이 평가판, 바구니, 네임펜, 얼굴 표정 그림, 게시판

개별 놀이 평가판

기분 표시용 얼굴 표정

활동목표

- 놀이 평가의 의미를 이해한다.
- 놀이를 회상하고 평가하는 태도를 기른다.

활동방법

○ 유아들이 자유선택활동 시간에 놀이를 선택하여 표시하는 놀이 계획활동에 익숙해지면 놀이 평가판을 소개한다.

- 오늘 방안놀이 시간에 한 놀이를 생각해 봅시다. 어떤 놀이를 했나요?
- 놀이를 할 때 기분이 어땠나요? 왜 그랬나요?
- 앞으로는 놀이를 마친 후 계획한 놀이를 했는지, 기분이 어땠는지를 이 놀이 평가판에 표시하기로 해요.

○ 놀이 평가판에 기분을 표시하는 방법을 소개한다.

- 이 얼굴은 어떤 표정인가요? 놀이를 하는 중 언제 이런 표정을 짓나요?
  - 웃는 표정 : 재미있을 때, 또 하고 싶을 때, 잘 할 수 있었을 때, 친구와 사이좋게 놀았을 때 등
  - 찡그린 표정 : 재미가 없을 때, 하기 싫을 때, 어려웠을 때, 친구와 다투었을 때, 재료가 없거나 부족할 때, 더 놀고 싶은데 선생님이 그만 치우라고 했을 때 등
  - 웃지도 않고 찡그리지도 않는 표정 : 특별히 싫지도 좋지도 않을 때
- 놀이했을 때의 기분을 생각하여 이 세 가지 표정 중 한 가지를 선택해서 놀이 평가판에 표시할 거예요.

○ 정리 정돈이 끝난 후 유아들에게 자기 놀이 평가판을 찾아서 표시하게 한다.

- 놀이 평가를 다 한 후에는 어떻게 해야 하나요?

○ 유아들이 표시한 놀이 평가판을 바구니에 모아 오면 이를 보면서 이야기를 나눈다.

- ○○는 어떤 놀이를 했나요?
- 왜 웃는 얼굴에 표시를 했나요?

○ 교사는 유아들의 놀이 평가판을 월별로 누적하여 기록한다.

놀이 평가하기

놀이를 마치고 난 뒤의 기분이 어떤가요?

	언어 놀이			조형 놀이			쌓기 놀이			역할 놀이			조작 놀이			과학 놀이			컴퓨터 놀이			음률 놀이		
	☺	😐	☹	☺	😐	☹	☺	😐	☹	☺	😐	☹	☺	😐	☹	☺	😐	☹	☺	😐	☹	☺	😐	☹
장○○					ㅜ																		ㅜ	
김○○					ㅜ																			ㅜ
김○○	ㅜ					ㅜ														ㅜ				
김○○				ㅠ							ㅜ													
김○○						ㅜ	ㅜ							ㅜ										
김○○	ㅜ											ㅜ			ㅜ		ㅜ						ㅜ	
박○○	ㅜ			ㅜ							ㅜ	ㅜ	ㅜ			ㅜ							ㅜ	
박○○												ㅜ												

월별 놀이 평가 표시판

여러 색깔의 놀이 평가판

○ 한 달이 지나면 교사는 월별 평가표시판을 참고로 유아들의 놀이 경향을 분석한다.

- 다양한 놀이를 하는 유아
- 선호하는 놀이만 하는 유아
- 선택하는 놀이의 종류에 변화를 보이는 유아
- 기분 표시에 변화를 보이는 유아

유의점

■ 놀이 평가판을 작성하기 위하여 많은 유아들이 동시에 한곳으로 오면 안전사고의 위험이 있기 때문에 놀이 평가판은 5~6장씩 나누어 다른 곳에 보관하도록 한다. 보관하는 장소마다 다른 색깔로 놀이 평가판에 표시하면 유아들이 쉽게 찾을 수 있다. 유아들이 놀이 평가판 색깔을 찾아가서 자신의 것을 쉽게 찾도록 놀이 평가판의 이름 옆에 숫자를 써 준다.

■ 유아들이 표시한 놀이 평가판을 보면서 대집단으로 모여 앉아 놀이 평가 시간을 갖는다. 교사는 자유선택활동 시간에 관찰했던 유아들의 놀이와 놀이 평가판을 유의해서 보고 기분 표시에 대한 설명을 하게 하여 유아들이 특정 놀이나 문제 상황, 해결방법 등을 함께 의논하고 공유하도록 한다. 자신이 어떻게 놀이 평가를 했는지, 왜 했는지 등에 대해 친구들에게 설명해 주고 싶은 유아들에게 하루에 3~4명 정도씩 번갈아가며 기회를 주어 평가를 공유하도록 한다.

기타

■ 월별 평가 표시판의 표시방법은 다음과 같다.

- 유아들이 귀가한 후 놀이 평가판에 유아들이 표시해 놓은 것을 교사가 월별 놀이 평가 표시판으로 옮겨 기록한다. 월별 놀이 평가 표시판은 유아별, 놀이 영역별로 유아의 기분을 표시할 수 있도록 만든다. 유아의 평가 결과(얼굴 표정)에 따라 색깔이 다른 매직펜으로 기입하면 한 눈에 알아보기 쉽다.
- 매일 유아들의 평가 표시를 월별 놀이 평가 표시판에 옮겨 적은 후, 유아들이

평가판에 표시한 것을 지우고 제자리에 정리해 놓는다.

- 월별 놀이 평가 표시판에 한 달 동안 기록된 것은 달이 바뀔 때 교사 보관용 기록용지에 옮겨 기록한다.

■ 놀이 평가판에 기분을 표시하는 활동은 유아들에게 스스로 놀이를 회상하고 평가하는 기회를 줌으로써 사회 · 정서적 발달을 도와준다. 또한 교사는 유아들이 기입한 놀이 평가판을 통하여 다음과 같은 정보를 얻음으로써, 유아들을 이해하고 지도하는 데에 도움을 받을 수 있다.

- 자료나 교구의 수나 양, 질에 대한 문제점
- 환경 구성의 문제점
- 개인, 집단에게 필요한 교육활동
- 유아들의 문제 해결력
- 유아들의 감정 평가 능력
- 유아들의 언어 표현 능력
- 유아들의 규칙 준수 상황
- 새로운 규칙의 필요성
- 유아들의 친구 관계
- 개별 · 집단별 · 성별에 따른 각 흥미 영역에의 참여도, 선호도 및 놀이 종류의 변화
- 놀이에 대한 유아들의 기분 상태와 감정 평가 상황

- 이야기나누기 '놀이 계획하기' (87쪽 참고)
- 이야기나누기 '놀이 평가하기 II' (94쪽 참고)

활동 4 나는 유치원에서

집단형태
대집단활동

활동유형
노래

활동자료
흥미 영역 표시판, 기록용구 (화이트보드, 보드 마카펜), 셀로판테이프

> **TIP** 유아들이 노래에 익숙해 지면 개사하여 불러본다. 유아의 의견을 적으면서 리듬에 맞도록 노랫말을 적절히 수정한다.

활동목표

■ 유치원에서는 다양하고 재미있는 활동을 할 수 있음을 안다.

활동방법

○ 유아들과 자유선택활동 시간이 끝난 후 모여 앉아서 어떤 놀이가 제일 재미있었 는지 이야기한다.
  ■ 어떤 놀이를 했나요? 어떤 영역이 제일 재미있었나요?
○ 교사는 유아가 제시한 놀이 영역의 표시를 화이트보드에 붙인 후 유아의 의견을 기록한다.
  ■ 쌓기 놀이에서 무엇을 하고 놀았나요?
    • 블록으로 집을 만들었다.
    • 자동차를 가지고 놀았다.
    • 버스 놀이를 했다.
○ 교사가 적어놓은 노랫말을 이용하여 노래를 들려준다.
○ 유아들과 노래를 두 부분으로 나누어 부른다.
    • 유아 : 나는 유치원에서 블록 놀이가 좋더라.
    • 교사 : 블록으로 집을 만들면 정말 재밌더라.
○ 모두 함께 부른다.
○ 노래를 개사하여 부른다. **TIP**

확장활동

■ 본 노래는 국악 장단에 잘 어울리므로, 유아들이 노래 부르기에 익숙해지면 장 구를 소개하고 장구 반주에 맞추어 노래를 불러본다.

관련활동

■ 이야기나누기 '놀이 평가하기 I – 놀이 평가판에 기분 표시하기' (89쪽 참고)
■ 이야기나누기 '놀이 평가하기 II' (94쪽 참고)
■ 이야기나누기 '흥미 영역 소개' (28쪽 참고)

나는 유치원에서

작사 · 작곡 김진영

나 는 유 치 원　에 　서　블록놀이가좋ー더　라

블록으로집　을만　들 면　정 말재밌더　라

활 동

5 놀이 평가하기 Ⅱ

집단형태
대집단활동

활동유형
이야기나누기

활동자료
기록용구(화이트보드, 보드마카)

활동목표

■ 놀이를 스스로 계획하고 평가한다.

■ 유치원에서 즐겁게 생활하기 위해 지켜야 할 약속과 규칙이 있음을 안다.

활동방법

○ 실내자유선택활동시간이 끝난 후 함께 모여 앉는다.

○ 실내자유선택활동시간 중 기분이 좋았던 일에 대하여 이야기를 나눈다.

■ 오늘 방안놀이 시간에 어떤 놀이를 했나요?

■ 놀이를 하면서 기분이 좋았던 사람이 있나요? 어떤 점이 좋았나요?

■ 놀이가 재미있었던 사람 있나요? 친구들에게 소개해 봅시다.

○ '나는 유치원에서' 노래를 불러본다.

■ 재미있게 놀았던 것을 생각하면서 '나는 유치원에서' 노래를 불러봅시다.

○ 실내자유선택활동시간 중 일어났던 문제나 갈등상황에 대하여 이야기를 나눈다.

■ 혹시 놀이를 하면서 불편하거나 속상한 일이 있었나요?

■ 어떤 점이 불편했나요?

• 쌓기 놀이를 할 때 자리가 좁아서 불편했다.

• 같이 놀고 싶은데 놀지 못했다.

• 놀잇감이 부족했다.

○ 문제를 해결할 수 있는 방법을 함께 의논한다.

■ 어떻게 하면 모든 사람들이 기분 좋게 놀이할 수 있을까요?

○ 일과가 끝난 후, 혹은 다음 날 자유선택활동 시간 후에 문제가 해결되었는지 알아본다.

유의점

■ 유아들이 놀이 평가 시간에 일어났던 문제 상황에 대해 이야기할 때, 특정 유아의 잘못을 공개적으로 언급하여 비난하지 않도록 유의한다.

관련활동

■ 이야기나누기 '일과 계획하기' (86쪽 참고)

■ 이야기나누기 '놀이 평가하기 I – 놀이 평가판에 기분 표시하기' (89쪽 참고)

활 동 6 간식 Ⅰ - 개별 간식 준비

활동목표

- 간식의 필요성을 안다.
- 유치원에서 간식 먹는 순서를 익힌다.

활동방법

○ 간식을 먹는 첫날, 간식의 필요성에 대해 이야기를 나눈다.

- 오늘부터 유치원에서 간식을 먹을 거에요. 간식은 왜 먹을까요?
  - 밥을 먹고 놀다보면 배가 고프기 때문에 간식을 먹는다.
- 음식을 먹으면 우리 몸 속의 '위'라는 곳에서 그 음식들을 소화시켜요. 어른과 어린이 중에서 누구의 위가 더 작을까요?
  - 어린이의 위가 더 작다.
- 어린이들은 어른들보다 많이 뛰어 놀고, 몸도 쑥쑥 자라야 하기 때문에 음식이 많이 필요해요. 그런데 어린이들은 어른들처럼 한꺼번에 많이 먹기가 어려워요. 어린이들이 필요한 만큼 충분히 먹고 힘을 내기 위해서 간식이 필요해요.

○ 간식 먹기 전 준비해야 할 점들에 대하여 이야기를 나눈다.

- 간식을 먹으려면 어떻게 준비해야 할까요?
  - 손을 씻은 사람은 간식차 앞에 줄을 선다.
  - 간식차에서 개인용 접시, 컵, 포크를 가지고 각자 앉고 싶은 자리로 가서 앉는다(교사가 책상마다 간식통과 우유통을 놓아줌).
  - 간식통에서 정해진 양의 간식을 접시에 담고, 우유통에서 우유를 따른 후 다음 사람에게 간식통과 우유통을 전해 준다.

○ 간식 기도에 대하여 이야기를 나눈다.

- 간식 먹을 준비를 마친 후에는 기도를 해요.
- 기도는 왜 하는 것일까요?
  - 맛있는 음식을 주신 하나님께 감사드리기 위해
  - 간식을 먹게 도와주신 분들께 감사한 마음을 전하기 위해
  - 하나님께 간식을 먹고 건강하게 해달라고 부탁드리기 위해
- 기도를 어떻게 할 수 있을까요?
  - 기도 노래를 부른다(다 함께 간식 기도 노래 불러보기).

집단형태

대집단활동

활동유형

이야기나누기

활동자료

간식 준비물이 놓여있는 이동식 선반(간식차) **TIP 1** 간식, 개인용 접시, 컵, 포크, 행주

TIP 1 간식을 먹기 바로 전에 모여 앉아 미리 가져온 간식차의 간식 준비물을 실물 자료로 이용하는 것이 효과적이다.

간식차 앞에 줄서기

TIP 2 교회에 다니는 유아들 중 기도를 할 수 있는 유아에게 시범을 부탁할 수 있다.

• 마음 속으로 조용히 간식기도 노래를 하거나 말로 기도를 할 수 있다. **TIP 2**

■ 기도를 할 때에는 어떤 마음으로 해야 할까요?

• 기쁜 마음으로

• 고마운 마음으로

• 감사한 마음으로

• 행복한 마음으로

○ 간식을 먹을 때 지켜야 할 약속에 대하여 이야기한다.

■ 간식을 먹을 때에는 어떤 약속을 지켜야 할까요?

• 자기 자리에 앉아서 먹는다.

• 이야기할 때에는 입 안에 있는 음식을 삼킨 후에 말한다.

• 다른 사람에게 방해되지 않도록 적당한 크기의 목소리로 말한다.

○ 간식을 다 먹은 후 정리하는 방법에 대하여 이야기를 나눈다.

■ 간식을 다 먹은 후에는 어떻게 해야 할까요?

• 자기가 앉았던 의자를 책상 안으로 밀어 넣고 빈 접시와 컵을 간식차에 갖다 둔다.

• 컵과 접시를 순서대로 차곡차곡 쌓아 놓는다.

• 쓰레기는 휴지통에 버린다.

■ 간식 접시와 컵을 모두 정리한 후에는 어떤 놀이를 하나요?

• 책을 보거나 조작 놀이를 한다.

확장활동

■ 학기 초반에는 만 4세 학급에서 했던 간식 먹기와 같은 방법으로 간식을 먹는다. 유아들이 학기 초 새로운 환경에 안정적으로 적응한 후 새로운 방법으로 간식을 먹는다. 간식 먹는 방법은 개별적으로 간식 먹기, 모둠별로 함께 간식 먹기, 각 모둠별로 간식 당번의 봉사를 받으며 간식 먹기 순서로 진행된다. 교사는 유아의 수준과 발달 정도, 새로운 환경에의 적응 정도를 관찰하여 간식 먹기 방법을 바꾸는 시기를 판단한다.

관련활동

■ 이야기나누기 '간식 II – 모둠별 간식 준비' (98쪽 참고)

악 보

간식 기도 Ⅰ

작사·작곡 정태욱

날 마 다 우 리 에 게   양 - 식 을 - 주 시 는   은

혜 로 우 신 하 나 님 참 감 사 - 합 니 다   아 멘

간식 기도 Ⅱ

외국곡

오 늘 도 나 에 게   간   식 을   주 시 는

나 의 하 나   님   감 사   합 니   다

활동 7 간식 Ⅱ - 모둠별 간식 준비

집단형태
대집단활동

활동유형
이야기나누기

활동자료
간식 준비물이 놓여있는 이동식 선반(간식차), 간식, 개인용 접시, 컵, 포크, 행주

활동목표
- 모둠별로 간식 먹는 방법을 익힌다.
- 친구들과 함께 즐겁게 간식을 먹는다.

활동방법
○ 간식을 먹기 전 새로운 방법으로 간식을 먹을 것임을 소개한다.
  - 오늘부터 지금까지 먹어왔던 방법과는 다른 방법으로 간식을 먹을 거예요.
  - 같은 책상에 앉은 친구들과 함께 간식을 준비할 거예요.
○ 간식 먹는 방법 중 달라진 부분을 중심으로 간식 먹는 절차에 대하여 이야기를 나눈다.
  - 간식을 먹기 전 손을 씻고 어떻게 했나요?
    • 각자 간식차에 가서 줄을 섰다.
    • 오늘부터는 먼저 간식을 먹을 책상으로 가서 자리에 앉아 다른 친구들이 모두 앉을 때까지 기다린다.
    • 그 책상의 자리가 다 채워지면 선생님께서 한 명씩 이름을 부른다. **T**IP
    • 선생님께서 이름을 부르는 사람은 간식차 앞에 줄을 서서 간식 먹을 준비물을 챙겨 간다.
  - 간식통과 우유통을 지금까지 누가 가져다 주셨나요?
    • 지금까지는 선생님께서 가져다 주셨으나 오늘부터는 어린이들이 직접 가져 갈 것이다.
    • 각 책상에 가장 먼저 도착한 어린이가 간식통과 우유통을 가져가서 책상 위에 둔다.
  - 간식통에 있는 간식은 어떤 순서로 덜었나요?
    • 지금까지는 자리에 앉는 순서대로 간식을 덜었다.
    • 오늘부터는 가장 먼저 앉은 사람이 간식을 덜고 오른쪽 사람에게 간식통과 우유를 넘겨줄 것이다.
○ 달라진 방법으로 간식을 준비해서 먹는다.

TIP 처음 모둠별로 간식을 먹기 시작할 때에는 교사가 한 명씩 개별적으로 이름을 불러주고, 유아들이 이에 익숙해진 후에는 집단 전체(예 : "○○○ 책상에 앉은 어린이들")를 불러준다.

모둠별로 간식 먹기

유의점

- 개별적으로 간식을 준비해서 먹고 정리하는 것에 익숙해진 후 모둠별 간식 먹기 활동을 시작하도록 한다.
- 본 활동이 익숙해진 후에는 간식당번활동(간식 III)을 하게 된다. 교사는 유아들이 간식 당번을 하기 전 과정으로 모둠별로 간식을 함께 먹는 데에 익숙해질 수 있도록 지도하고 관찰하며 이를 토대로 적절한 시기를 판단하여 간식당번활동(간식 III)을 실시하도록 한다.

관련활동

- 이야기나누기 '간식 I – 개별 간식 준비' (95쪽 참고)
- 이야기나누기 '간식III– 간식 당번' ('봄' 생활주제 34쪽 참고)

활동 8 바르게 손 씻기

집단형태

대집단활동

활동유형

사회

활동자료

손 씻는 방법을 알려주는 사진이나 동영상자료

TIP 1 범국민손씻기운동본부에서 제공한 자료를 참고한 것으로, 홈페이지(www.handwashing.or.kr)를 방문하면 애니메이션, 동영상, 사진 등의 관련 자료를 볼 수 있다.

TIP 2 유아들이 손 씻는 모습을 지속적으로 관찰하고 개별지도를 병행하여 손 씻기를 생활화할 수 있도록 한다.

활동목표

■ 올바르게 손 씻는 방법을 안다.
■ 올바르게 손 씻는 습관을 기른다.

활동방법

○ 간식을 먹기 전, 손 씻기에 대하여 이야기를 나눈다.

■ 유치원에서 지내는 동안 언제 손을 씻나요?

• 간식 먹기 전, 대·소변 보기 전 후, 마당 놀이 후, 식사하기 전 등

■ 왜 손을 씻나요?

• 더러운 손을 깨끗이 하기 위해서 씻는다.

■ 손이 더러우면 왜 몸이 아프게 될까요?

• 모든 물건에는 눈에 보이지 않는 세균이 있다.

• 세균이 옮겨진 손으로 우리의 몸을 만지면 몸속에 세균이 들어간다.

■ 손을 어떻게 하면 깨끗하게 씻을 수 있을까요?

• 손 씻기 사진자료를 한 장씩 보여주며 손을 깨끗하게 씻는 방법에 대해 이야기한다.

• 사진을 보며 깨끗하게 손 씻는 방법을 따라해 본다. **TIP 1**

① 흐르는 따뜻한 물에 손과 손목을 적시고 비누를 충분히 바른다.

② 손바닥과 손바닥을 마주대고 문지른다.

③ 양손의 손가락을 마주잡고 문지른다.

④ 왼손 손등과 오른손의 손바닥을 마주대고 문지른다. 같은 방법으로 손을 바꾸어서 씻는다.

⑤ 왼손의 엄지손가락을 오른손 손바닥으로 감싸고 돌리면서 문지른다. 같은 방법으로 손을 바꾸어서 씻는다.

⑥ 손바닥을 마주대고 손깍지를 끼고 문지른다.

⑦ 오른손 손가락을 왼손 손바닥에 놓고 문지르며 손톱 밑을 깨끗이 한다. 같은 방법으로 손을 바꾸어서 씻는다.

⑧ 흐르는 물에 비눗기를 완전히 씻는다.

⑨ 종이 수건으로 물기를 닦는다.

○ 각자 화장실에서 손을 씻는다. **TIP 2**

활동 9 유치원 생활 그림 짝 맞추기

활동목표

■ 유치원 생활에 필요한 약속을 안다.

■ 물체의 위치를 인식하고 기억한다.

활동방법

○ 그림카드를 소개한다.

■ 유치원에서 생활할 때 필요한 약속을 잘 지키는 모습과 그렇지 않은 모습들이 그려진 카드가 있어요.

■ 어떤 그림인지 살펴봅시다.

• 장난감을 던지는 아이 − 장난감을 소중하게 사용하는 아이

• 친구와 다투는 아이 − 친구와 사이좋게 지내는 아이

• 쓰레기를 아무 곳에나 버리는 아이 − 쓰레기를 쓰레기통에 버리는 아이

• 동물을 괴롭히는 아이 − 동물을 잘 보살피는 아이

○ 게임방법을 소개한다.

■ 카드를 바닥에 순서 없이 펼쳐놓은 다음 잠시 동안 카드의 위치를 살펴보세요.

■ 그림이 보이지 않도록 카드를 뒤집으세요.

■ 게임을 할 사람들은 순서를 정하고, 차례대로 짝이 되는 카드 2장(1쌍)을 기억해 뒤집으세요.

■ 맞는 짝을 찾은 경우 카드를 가져 가고, 다른 짝을 찾은 경우 다시 뒤집어 놓으세요.

■ 카드가 없어질 때까지 게임을 해요.

■ 더 많은 수의 카드를 가진 사람이 이기는 게임이에요.

○ 게임을 한다.

집단형태

자유선택활동

활동유형

수학 · 조작 영역

활동자료

약속을 잘 지키는 모습을 표현한 그림카드와 지키지 않는 모습을 표현한 그림카드 약 4~5쌍

유치원 생활 그림카드

활동 10 인형극장 놀이하기

집단형태
자유선택활동

활동유형
언어 영역

활동자료
여러 가지 손인형, 인형극을
할 수 있는 틀

'인형극장 놀이'의 환경 구성

활동목표

■ 친구들과 협력하는 태도를 기른다.
■ 놀이를 하면서 필요한 소품들을 알고 스스로 준비한다.

활동방법

| 인형극 놀이 평가하기 |

○ 실내자유선택활동 시간에 유아들이 언어 영역의 말하기 영역(손인형과 인형극
틀)에서 인형극 놀이를 한 후 놀이를 평가한다.

■ 오늘 선생님이 보니까 인형극 놀이를 하는 사람들이 참 재미있게 인형극을 하
면서 놀더구나. 혹시 친구들에게 들려줄 이야기가 있나요?
■ 어떤 점이 재미있었나요?
■ 인형극을 더 재미있게 하려면 어떻게 하면 좋을까요?
• 준비물을 더 첨가해서 다른 사람들에게도 인형극을 보여준다.

| 인형극 공연 계획하고 준비하기 |

○ 실내자유선택활동 중 언어 영역에서 인형극 공연을 하고 싶은 유아들이 모여 앉는다.

○ 인형극 공연을 하기 위한 준비사항에 대해 이야기를 나눈다.

■ 인형극 공연을 하기 위해서는 어떤 것들을 정해야 할까요?
• 어떤 이야기로 인형극을 할지 정한다.
• 인형극을 할 때 필요한 것이 무엇인지 정한다.
• 역할을 맡아 인형극에 필요한 것을 준비해봅시다.

○ 인형극의 이야기를 정한다.

■ 어떤 이야기가 인형극을 하기에 적합할까요?
• 인형극을 할 사람들이 모두 알고 있는 이야기
• 등장인물이 너무 많거나 적지 않은 이야기

○ 소품을 준비한다.

■ 이 이야기로 인형극을 하려면 무엇이 필요할까요?
• 인형 : 이야기에 나오는 등장인물 인형을 준비한다.
• 소품 : 교실에서 인형극에 필요한 소품들을 찾아보거나 직접 만든다.
• 입장권 : 공연 시간과 장소, 제목 등을 적어 만든다.

• 좌석 준비 : 인형극 틀 앞에 관객석을 준비한다.

　　　• 입장권 받는 곳 : 입장권을 받을 사람과 장소를 정하여 준비한다.

○ 역할을 정하고 인형극을 준비한다.

| 인형극 공연하기 |

○ 인형극 공연을 시작하기 전 인형극을 하는 사람과 보는 사람의 역할에 대해 이야기한다.

　　■ 인형극을 하려면 어떻게 해야 하나요?

　　　• 인형극에 필요한 소품을 확인하고 인형극에 등장하는 순서대로 인형을 놓는다.

　　　• 맡은 역할을 하며 공연을 한다.

　　　• 인형극 공연을 본 관객들이 손뼉을 치면 인사한다.

　　■ 인형극을 보려면 어떻게 해야 하나요?

　　　• 입장권 받는 곳에서 표를 낸 후 좌석에 앉아 공연이 시작되는 것을 기다린다.

　　　• 관객으로서 지켜야 할 약속을 기억하며 바른 자세로 앉아 기다린다.

　　　• 인형극 공연이 끝나면 잘 보았다고 박수를 쳐준다.

○ 인형극 공연을 한다.

○ 인형극 공연이 끝난 후 평가한다.

　　■ 인형극이 재미있었나요? 무엇이 재미있었나요?

　　■ 인형극이 재미없었다면 왜 그랬나요?

　　■ 인형극을 더 재미있게 하려면 어떻게 하는 것이 좋을까요?

모루 도장 만들기

집단형태
자유선택활동

활동유형
조형 영역

활동자료
도화지, 모루(10cm 정도로 잘라놓은 것), 요구르트통, 플라스틱 용기 혹은 빈 상자, 본드(목공용 접착제), 건조대, 물감 접시

모루 도장 만들기

손잡이에 색깔 표시를 한 모루 도장

활동목표

■ 손의 힘과 방향을 조절한다.

■ 다양한 재료를 이용하여 도장을 만들어본다.

활동방법

○ 도장을 탐색하여 도장에 대해 이야기나눈다.

■ (도장을 보여주며) 도장을 본 적 있나요? 어디에서 보았나요?

■ (도장을 찍어보며) 도장을 찍으면 어떤 모습이 나타나나요?

• 도장이 새겨진 글자

■ 이름을 새겨서 종이에 찍을 수 있게 만든 것을 도장이라고 해요.

○ 모루 도장 만들기 활동을 소개한다.

■ 우리는 모루, 요구르트통, 본드로 그림 도장을 만들어 볼 거예요.

■ 이것들로 어떻게 도장을 만들 수 있을까요?

• 요구르트통 윗면에 매직펜으로 밑그림을 그린다.

• 밑그림을 따라 본드를 바른다.

• 모루를 구부려 모양을 잡아가며 밑그림을 따라 붙인다.

• 본드가 굳을 때까지 말린다.

○ 모루 도장을 만든다.

○ 모루 도장에 물감을 묻혀 찍어 본다.

■ 어떤 모양으로 도장을 만들었나요?

■ 완성된 도장에 물감을 묻혀 종이에 찍어 봅시다.

활동 12 모양 종이로 구성하기

활동목표

- 다양한 도형의 형태를 탐색하고 변별한다.
- 도구를 안전하게 사용한다.
- 새롭고 다양한 방법으로 만들고 꾸미기를 즐긴다.

활동방법

◯ 모양자에 있는 여러 가지 모양을 탐색한다.
- 이 모양의 이름은 무엇인가요?
  - 네모, 세모, 동그라미
◯ 색종이에 여러 가지 모양의 자를 대고 그린다.
- 색종이에 여러 가지 모양을 만들어 봅시다. 어떻게 만들 수 있을까요?
  - 자를 따라 선을 그어 모양을 만든다.
◯ 모양을 가위로 오려 낸다.
- 만든 모양을 따라 잘라보세요.
◯ 오려낸 모양으로 어떤 모습을 만들지 생각하고 필요한 모양을 더 만든다.
- 오려낸 모양종이로 어떤 모습을 만들 수 있을까요?
  - 사람, 자동차, 동물 등
- ◯◯를 만드는 데에 더 필요한 모양이 있나요? 더 만들어 보세요.
◯ 도화지에 도형을 붙여서 구성한다.
- 준비한 모양들을 도화지에 붙여 작품을 만들어 볼 거예요.
- 한 번 붙인 모양종이는 다시 떼어내기 어려워요. 먼저 도화지에 모양종이들을 놓아보고 자리를 확실히 정한 후에 붙이도록 해요.
- 모양종이를 붙인 후에는 색연필이나 사인펜으로 그림을 그려 작품을 꾸며보세요.
◯ 완성된 작품에 유아가 그림을 그리며 상상하거나 생각한 이야기를 적는다.
- 무엇을 만들었나요?
- 어떤 이야기가 담겨있나요?

유의점

- 모양자의 모양 크기가 작을 경우 유아들이 오리기 구성하기 어려우므로 8절 도화지에 구성하기에 적절한 크기의 모양자를 준비한다.

집단형태

자유선택활동

활동유형

조형 영역

활동자료

모양자, 색종이, 가위, 모양 종이 **T**ip, 풀, 도화지, 색연필, 사인펜

'모양 종이로 구성하기' 활동자료

TIP 가위로 자르지 않고 바로 모양종이를 사용하여 구성하기를 원하는 유아들을 위해 교사가 미리 자른 모양 종이도 준비해둔다.

색종이에 여러 가지 모양의 자 대고 그리기

'모양 종이로 구성하기' 완성작품

활동 13 조그만 시계점

집단형태

대집단활동

활동유형

음악감상

활동자료

오르스(Orth)의 음악 '조그만 시계점(In a Clock Store)', 여러 가지 시계(괘종시계, 손목시계, 탁상시계, 뻐꾸기시계 등)

활동목표

- 시계에서 나는 소리에 관심을 갖는다.
- 음악을 들으며 생각하고 느낀 점을 다양한 방법으로 표현한다.
- 음악을 즐겨 듣는 태도를 갖는다.

활동방법

○ 음악 감상의 뜻과 음악 감상하는 태도에 대해 이야기를 나눈다.

- 음악 감상은 무엇일까요? 어떻게 하는 것일까요?
    - 음악을 들으며 여러 가지를 생각하고 느끼는 것이다(기쁨, 슬픔, 즐거움, 희망, 분노, 용기 등).
    - 제목이 있는 곡은 제목이 무엇인지 알아보고, 작곡가가 어떻게 표현했는지 생각하면서 듣는다.
    - 음악 감상을 할 때 각 악기가 내는 독특한 소리나 여러 악기들이 어울려내는 소리를 주의 깊게 듣는다.
- 음악을 감상할 때는 어떤 태도로 해야 할까요?
    - 다른 사람에게 방해가 되지 않도록 조용히 들어야 한다.

○ '조그만 시계점' 음악을 들려준다.

○ 유아들에게 느낀 점이나 들은 소리 등 무엇이든지 이야기하고 싶은 것을 말하게 하고, 음악의 제목과 작곡자를 소개한다.

- 음악을 들으니 어떤 생각이 들었나요?
- 참 재미있는 생각들을 많이 했군요. 이 음악의 작곡자는 '오르스'라는 분인데 스코틀랜드 사람이에요.
- '오르스'는 이 음악의 제목을 '조그만 시계점'이라고 지었어요.
- 어느 날 시계를 사려고 시계점에 갔다가 곡을 만들고 싶어서 작곡을 했다고 해요. 그래서 ○○, ○○가 말한 것처럼 시계 가는 소리, 태엽 감는 소리, 뻐꾸기시계 소리가 음악에서 들렸나봐요.

○ 유아들이 본 시계 이야기를 듣는다.

- 시계점에 가 본 사람이 있나요? 어떤 시계들을 보았나요?

○ 교사가 준비한 시계들을 관찰하고 소리를 들어본다.

○ 다시 음악을 들으며 우리의 몸(예: 손, 입, 발 등)을 이용해서 시계 소리를 내거나 시계추, 바늘 등의 움직임을 표현해 본다.

확장활동

■ 본 활동 이후, 듣기 영역에 '조그만 시계점' 녹음 테이프와 카세트플레이어, 종이, 필기류를 마련해 놓아 음악을 들으며 느낀 점을 자유롭게 그릴 수 있도록 한다. 많은 유아들이 참여하였을 경우, 두 개의 소집단으로 나누어 각 유아들이 앞에 나와서 자신의 그림을 보면서 이야기 나누는 시간을 갖도록 한다.

활동
14 함께 살아요

집단형태
대집단활동

활동유형
동극

활동자료
테이블동화자료

'함께 살아요' 테이블동화자료

TIP 1 극 중 등장인물의 특징을 살릴 수 있는 움직임이나 울음소리 등을 대사와 함께 연습하면 유아들이 등장인물을 실감나게 표현하는 데에 도움이 된다.

TIP 2 동물의 특징을 살려 흉내를 잘 내는 유아가 있을 경우 앞으로 나와서 다른 유아들에게 시범을 보이도록 한다.

활동목표

- 친구들과 협력하는 태도를 갖는다.
- 동화를 듣고 등장인물의 대사나 행동을 기억한다.
- 등장인물의 특징을 실감나게 표현한다.

활동방법

○ 동화를 듣고 동극을 할 것임을 알려준다.

○ 동극에 대하여 안내한다.

- 동극이란 무엇일까요?
  - 동화를 듣고 난 후에 동화에 나온 이야기로 연극을 해보는 것을 동극이라고 한다.
- 동극을 하기 위해서는 동화를 들을 때 어떻게 해야 할까요?
  - 등장인물과 대사를 잘 기억하며 듣는다.

○ '함께 살아요' 테이블동화를 들려준다.

○ 유아들과 동화의 내용과 대사를 회상해본다. **TIP 1**

- 돼지가 제일 먼저 만난 동물은 누구였나요?
  - 염소
- 돼지와 염소는 무엇을 하기로 했나요?
  - 집 만들기
- 이제 선생님과 ○○○반 어린이들이 역할을 나누어서 대사를 연습해 봅시다. 선생님이 돼지가 되어서 이야기해 볼게요. ○○○반 어린이들은 염소가 되어서 이야기해 보세요.
- 돼지와 염소는 집을 짓기 위해 무엇을 가져왔나요?
  - 돌, 통나무
- 모두 돼지와 염소가 되어서 앉은 자리에서 흉내내어 봅시다. **TIP 2**
- 그때 누가 왔나요?
  - 토끼
- 토끼는 무엇을 해주겠다고 했나요?
  - 이빨로 못을 박아준다고 하였다.

■ 이번에는 선생님이 토끼가 되어서 이야기할게요. ○○○반 어린이들이 돼지와 염소가 되어서 이야기해 보세요.

■ 오리, 닭에 대해 같은 방법으로 회상해 봅시다.

○ 유아들과 의논하여 무대를 꾸미고 소품을 준비한다.

■ 동극을 하려면 먼저 무엇을 준비해야 될까요?

• 무대를 꾸민다.

■ 무대는 어떻게 꾸밀까요?

■ 동물들이 집을 지을 곳은 어디로 할까요?

■ 동물들이 나르거나 사용하는 집의 재료는 무엇으로 할까요?

■ 누가 동물들의 집을 만들까요?

○ 동극을 할 배역을 정한다. **TIP 3**

○ 배역을 맡은 유아들이 나와서 한줄로 서서 자기소개를 한다.

■ "저는 돼지를 맡은 '○○○' 입니다."

○ 배역을 맡은 유아들은 어디에 앉아서 차례를 기다릴지 정한 후 그 자리로 간다.

○ 동극을 한다. 동극을 할 때 교사는 해설을 한다.

■ 지금부터 ○○○반 어린이들의 '함께 살아요' 동극을 시작하겠습니다.

○ 동극이 끝난 후 한 줄로 서서 인사하고, 관객들은 답례로 박수를 쳐준다.

○ 유아들과 함께 감상을 이야기하며 평가를 한다.

■ 동극을 보며 재미있었던 것은 무엇이었나요?

■ 동극을 더 재미있게 하려면 어떻게 하면 좋을까요?

• 보는 사람들을 향하여 더 큰 목소리로 말한다.

• 자기가 맡은 동물의 울음소리나 걸음걸이를 실감나게 흉내낸다.

• 보는 사람들은 조용히 한다.

○ 평가 내용을 유념하여 두 번째 동극을 공연한다.

관련활동

■ 이야기나누기 '친구를 기분 좋게 하는 일' (63쪽 참고)

TIP 3 준비해야 할 소품이 많은 경우 동화를 들려 준 후, 실내 자유선택활동 시간에 무대와 소품을 준비한 뒤 동극을 한다.

동극 '함께 살아요' 공연하기

함께 살아요

"짹짹짹짹" 산새들이 지저귀는 숲길에서 돼지와 염소가 만났어요.

돼　　지　안녕! 염소야.
염　　소　매애애애, 안녕! 그런데 어디 가니?
돼　　지　으응, 집을 한 채 짓고 싶어서….
염　　소　어, 그래? 나도 집을 지으려고 했는데. 그럼 같이 지을까?
돼　　지　그래 좋아.

두 친구는 집을 짓느라 무척 바빴어요.

돼지, 염소　영차, 영차

두 동물이 열심히 집을 짓고 있을 때, 지나가던 토끼가 말했어요.

토　　끼　안녕! 너희들 뭐하니?
염소, 돼지　우리가 함께 살 집을 짓고 있어.
토　　끼　그래? 그럼 나도 집짓는 일을 도와줄게.
염소, 돼지　너는 뭘 할 수 있니?
토　　끼　난 긴 이빨로 못을 박을 수 있어.
염소, 돼지　어, 그래? 그것 참 잘됐구나. 토끼야, 너도 우리와 함께 살자.
토　　끼　고마워.

돼지, 염소, 토끼는 힘을 합해 '뚝딱뚝딱' 열심히 집을 지었어요. 돼지는 코로 돌을 굴리고, 염소는 뿔로 통나무를 받쳐오고, 토끼는 이빨로 못을 박았어요. 그 때 지나가던 오리가 집짓는 모습을 지켜보다가 말을 건네 왔어요.

오　　리　너희들 뭐하니? 꽥꽥.
토　　끼　우리가 함께 살 집을 짓고 있어.
오　　리　그래? 그럼 나도 집 짓는 일을 도와줄게.
토　　끼　너는 무엇을 도와 줄 수 있니?
오　　리　난 내 깃털로 벽을 칠하는 일을 할 수 있지. 꽥꽥….
토　　끼　그것 참 잘됐구나. 오리야, 너도 우리와 함께 살자.
돼지, 염소　그래, 그래.

오리도 깃털로 열심히 벽을 칠했어요. 오리, 토끼, 돼지, 염소가 열심히 일을 하고 있는데, 닭이 찾아와서 말했습니다.

닭　　　　꼬끼오, 꼬꼬꼬꼬… 너희들 여기서 뭐하니?

오 리	꽥꽥… 우리가 함께 살 집을 짓고 있어.
닭	그래? 그럼 나도 좀 시켜 줘.
염 소	글쎄? 너도 나처럼 나무를 날라다 줄 수 있니?
닭	아니, 난 너처럼 뿔이 없어.
돼 지	그럼 나처럼 돌을 날라다 줄 수 있니?
닭	아니, 돌은 내가 들기에 너무 무거워.
토 끼	그럼 나처럼 못을 박아 줄 수 있니?
닭	아니, 못 해.
오 리	그럼 나처럼 벽에 칠을 해 줄 수 있니?
닭	아니, 못 해. 난 한 번도 칠을 해 본 적이 없는걸.
오리·염소·돼지·토끼	그럼 안 돼.

　닭은 실망하면서 근처 나무 위로 올라가서 구경만 했어요. 네 동물은 열심히 또 열심히 일했어요. 드디어 밤이 되었습니다. 네 동물은 그만 일하고 쉬기로 했어요.
　네 동물은 모두 깊은 잠에 빠졌어요. 드디어 다음날 아침이 되었어요. 토끼, 오리, 염소, 돼지는 아주 피곤했기 때문에 늦게까지 일어나지 않았어요.

닭	꼬끼오 꼬끼오, 빨리들 일어나. 아침이야 아침. 어서 일을 해야지.
오 리	아함, 졸려. 누가 우릴 깨웠지? 아니, 닭이잖아. 닭아, 고맙다. 네가 아니면 늦잠을 잤을 텐데. 너도 우리와 함께 살자.

　그 날부터 염소, 돼지, 토끼, 오리 그리고 꼬꼬 닭은 힘을 합해서 살기 좋은 멋진 집을 열심히 지었어요. 그리고 다섯 친구가 되어 한 집에서 모두 사이좋게 살게 되었어요.

집단형태

대집단활동

활동유형

신체(게임)

활동자료

고리를 7~10개씩 담은 바구니 3개, 고리걸이 3개, 신호악기

활동대형

세 편으로 앉기 **T**IP 1

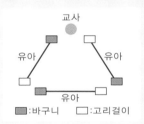

교사

유아　　　　　　유아

유아

■:바구니　　□:고리걸이

TIP 1 본 활동을 처음 할 때에는 교사가 미리 세모 대형으로 의자를 준비해 놓는다. 유아들이 편 게임에 익숙해지면 유아들과 함께 세 편으로 나누어 앉는 방법(예: 종이나 화이트보드에 세모 대형 그려보기)을 의논하여 유아들 스스로 대형을 준비한다.

TIP 2 세 편의 수가 같지 않은 경우, 모자라는 수만큼 다른 학급 유아들에게 부탁을 하여 같이 게임할 수 있다. 이때 미리(계획하기 시간) 해당 학급 교사와 유아에게 양해를 구해, 다른 학급활동에 지장이 없도록 한다.

활동목표

■ 민첩성을 기른다.

■ 친구들과 협력하는 태도를 갖는다.

활동방법

○ 세 편으로 나누어 의자에 앉는다.

○ 게임을 소개하며 세 편의 수를 맞춘다. **T**IP 2

■ 우리가 지금 몇 편으로 나누어 앉았나요? 세 편이 같이 게임을 할 거예요.

■ ○○ 편은 어디에 앉아있나요? ○○ 편은 모두 몇 명인지 수를 세어봅시다.

○ 준비한 자료를 보고 게임방법을 이야기나눈다.

■ 게임을 하기 위해 무엇을 준비했는지 살펴봅시다.

• 고리, 고리걸이 3개, 바구니

■ 이것들로 어떤 게임을 할 수 있을까요?

• 신호악기 소리가 나면 각 편의 맨 앞사람이 바구니에 담긴 고리를 하나씩 옆 사람에게 넘긴다.

• 각 편의 맨 마지막 사람은 고리를 받으면 고리걸이에 건다.

• 고리를 빨리 전달해서 고리걸이에 5개를 먼저 거는 편이 이긴다.

○ 준비물을 배치한다.

■ 게임을 하기 위해서는 이 준비물들을 어디에 두어야 할까요?

• 고리가 담긴 바구니는 각 편의 한쪽 끝에 둔다.

• 고리를 걸 고리걸이는 다른 쪽 끝에 둔다.

○ 한 편이 고리 2개로 시범을 보인다.

○ 각 편에서 연습을 해본다.

○ 게임에 필요한 규칙을 정한다.

■ 연습을 하면서 규칙이 필요하다고 생각한 사람 있나요?

• 한 번에 한 사람씩 옆으로 전달한다. 바로 옆 사람에게 전달하지 않고 한 명을 건너뛰어 그 다음 사람에게 전달하면 안 된다.

• 고리를 전달하다가 떨어트리지 않게 주의한다. 만약 떨어트렸을 경우 떨어뜨린 사람이 고리를 다시 주워 옆 사람에게 다시 전달한다.

○ 게임을 하고 평가한다.

■ (게임이 끝난 후) 어느 편이 빨리 전달했나요?

■ 규칙을 잘 지켰나요?

■ 게임을 하는 태도는 어땠나요?

○ 2차 게임을 한다.

■ 이번에는 반대로 마지막 사람부터 시작해서 고리걸이에 걸려있는 고리를 앞으로 보내는 거예요.

■ 제일 앞에 있는 사람은 고리를 받으면 어디에 넣는 것일까요?

• 바구니

○ 시간이 있을 경우 유아들의 의견을 반영하여 변형된 형태의 3차 게임을 한다(예: 고리의 개수 늘리기).

○ 게임이 끝난 후 유아들과 함께 평가한다.

'물건 전달하기' 게임하기

확장활동

■ 각 편 유아들이 전달할 물건을 교실에서 직접 찾아온다. 유아들이 전달하기에 위험한 물건(예: 무겁고 부피가 큰 블록)이나 잡기 어려운 물건(예: 부피감이 작은 낱장 종이)을 가져온 경우, 전달할 물건으로서의 적합성 여부에 대해 이야기를 나누어 유아들이 전달하기에 적합한 물건을 선택할 수 있도록 한다.

■ 국자에 탁구공 담아 전달하기, 나무젓가락에 고리 걸어 전달하기 등의 방법으로 게임을 변형하여 실시한다.

관련활동

■ 신체(게임) '모자 옆으로 전하기' (144쪽 참고)

많고 적음을 알아보기

집단형태
대집단활동

활동유형
수학

활동자료
원을 표시할 도구(크레파스, 분필 등) **TIP 1**, 음악, 신호악기

TIP 1 활동을 할 공간의 바닥에 원을 5개 정도(지름 약 1m) 그려 놓는다.

활동목표

■ 수를 세어보고 크기를 비교한다.

■ 수의 크기에 따라 순서를 짓는다.

■ 친구들과 사이좋게 지내기 위해 협력적인 태도를 갖는다.

활동방법

○ 활동을 소개한다.

■ 바닥에 무엇이 그려져 있나요?

• 동그라미

■ 음악에 맞추어 교실을 돌아다니다 선생님이 신호를 하면 동그라미 안으로 들어가는 놀이를 할 거예요.

■ 동그라미가 모두 몇 개 있나요?

• 5개

■ 5개의 동그라미 중 어느 곳에나 들어갈 수 있어요.

■ 모두 동그라미 안에 들어가면, 각 동그라미 안에 있는 사람의 수를 세어본 후, 가장 많은 사람이 들어간 동그라미의 사람들에게 박수를 쳐줄 거예요.

○ 게임을 할 때 어떤 약속이 필요할까요?

■ 바닥에 표시된 원이 지워지지 않도록 선을 밟지 않는다.

■ 정지 신호 소리가 들린 후에는 한 번 들어간 원에서 다른 원으로 옮겨가지 않는다.

■ 서로 부딪히지 않도록 한 방향으로 걷는다.

■ 뛰지 않는다.

○ 게임을 한다.

■ 모두 음악에 맞추어 걸어 다니세요.

■ (신호악기 소리) 이제 동그라미 안에 들어가세요.

○ 게임을 평가한다.

■ 모두 들어갔나요? 그 자리에 앉으세요. 각 동그라미에 몇 명이 들어갔는지 함께 세어 봅시다.

■ 첫 번째(두 번째~다섯 번째) 동그라미에 있는 사람들은 일어나세요. 모두 몇 명인가요?

각 원 안에 모인 사람들 수 비교하기

- 가장 많은 사람이 있는 동그라미는 어느 것인가요? 두 번째(세 번째~네 번째)로 많은(적은) 사람들이 들어간 동그라미는 어느 것인가요? 가장 적은 사람이 있는 동그라미는 어느 것인가요?
- 가장 많은 사람이 있는 동그라미의 사람들에게 큰 소리로 박수쳐 주자.
○ 다시 게임을 시작한다.
- 다시 게임을 할 거예요. 그런데 이번에는 사람이 가장 많은 동그라미가 아닌, 두 번째로 많은(적은) 동그라미의 사람들에게 박수를 쳐줄 거예요. **T**IP 2

TIP 2 게임을 여러 번 할 경우 다른 기준을 적용하여 다양한 방법으로 게임하도록 한다.

4. 유치원에서의 안전한 생활

활 동 1 놀잇감 사용 규칙 정하기

집단형태
대집단활동

활동유형
이야기나누기

활동자료
파손된 플라스틱 놀잇감, 바구니

활동목표

- 놀잇감을 안전하게 사용하는 방법을 알고 실천한다.
- 놀이에 필요한 규칙을 알고 지킨다.
- 놀잇감을 소중히 다룬다.
- 문제 상황을 인식하고 문제 해결방법을 탐구한다.

활동방법

○ 자유선택활동 시간에 각 흥미 영역에서 놀잇감을 위험하게 사용하는 유아가 있는지 관찰한다.

○ 유아들에게 정리정돈 시간에 고장나거나 사용할 수 없는 놀잇감을 찾아 바구니에 담게 한다.

○ 정리정돈을 한 후 놀이 평가 시간에 파손된 놀잇감을 유아들에게 보여주며 이야기를 나눈다.

- 어느 곳에 놓여 있던 놀잇감인가요? 놀잇감이 어떻게 되었나요?
- 왜 놀잇감이 이렇게 되었나요? 이런 놀잇감들을 가지고 놀면 어떻게 될까요?
- 위험하기 때문에 자꾸 버리면 놀잇감들이 점점 어떻게 될까요?
- 놀잇감이 적거나 없으면 놀이를 할 때 어떨까요?
- 놀잇감은 누가, 어디에서, 어떻게 가져오는 것일까요?

○ 놀잇감을 가지고 놀 때 주의해야 할 점에 대해 이야기를 나눈다.

- 놀잇감을 가지고 놀 때 어떻게 해야 할까요?

○ 규칙이 정해지면 교사 또는 유아들이 그림으로 그리고, 글씨로 써서 해당 놀이 영역에 붙인다.

유의점

- 유아들이 놀잇감으로 위험한 놀이를 하여 다른 유아들의 안전에도 영향을 미친다고 판단될 경우, 먼저 놀이를 제지한 후 놀이 평가 시간까지 기다리지 않고 바로 모여 앉아 전체 유아들과 이야기를 나눈다.

관련활동

- 이야기나누기 '흥미 영역 소개' (28쪽 참고)
- 이야기나누기 '놀잇감 수선하기' (119쪽 참고)

활동 2 놀잇감 수선하기

활동목표

- 놀잇감을 안전하게 사용하는 방법을 알고 실천한다.
- 놀잇감을 안전하게 사용하는 습관을 기른다.
- 문제상황을 인식하고 문제 해결방법을 탐구한다.

활동방법

○ 파손된 교구가 생겼을 경우 파손의 원인과 수선 및 교체의 필요성에 대하여 유아들과 이야기를 나눈다.

- 놀잇감이 어떻게 되었나요?
- 왜 놀잇감이 이렇게 되었을까요?
- 이러한 놀잇감을 가지고 놀면 어떻게 될까요?
- 파손되거나 고장난 놀잇감은 어떻게 할 수 있을까요?

○ 파손된 교구를 수선하는 방법과 필요한 재료 및 도구에 대해 의견을 나눈다.

- 이 놀잇감을 어떻게 다시 쓸 수 있을까요?
  - 고장난 부분을 고친다.
- 어떤 방법으로 고칠 수 있을까요?
  - 책장이 찢어졌거나 겉표지가 낡은 경우: 종이를 덧대고 셀로판테이프를 붙인다.
  - 그림 맞추기 조각이 분실된 경우: 두꺼운 종이를 분실된 조각과 같은 모양으로 만든 다음 조각에 맞는 그림을 그리고 색칠한다.
  - 놀잇감의 나사가 헐거운 경우: 드라이버로 나사를 조인다. **TIP**
  - 문이나 놀잇감의 열고 닫는 부분이 뻑뻑한 경우: 기름칠을 한다.

유의점

- 본 활동은 실내자유선택활동 중 교구 수선이 필요할 때 언제든지 할 수 있다. 교구 수선에 필요한 재료, 도구들을 통에 담아 준비해두어 손쉽게 이용하도록 한다. 바늘, 칼, 송곳 등과 같은 도구와 재료들은 반드시 유아의 손이 닿지 않는 곳에 교사가 보관하며 교사가 수선하는 모습을 유아들이 관찰하도록 한다.

관련활동

- 이야기나누기 '놀잇감 사용 규칙 정하기' (118쪽 참고)
- 이야기나누기 '흥미 영역 소개' (28쪽 참고)

집단형태

대집단활동 · 소집단활동

활동유형

이야기나누기

활동자료

각종 수선용 도구 및 재료(가위, 바늘, 실, 셀로판테이프, 풀, 접착제, 드라이버, 기름 등)

고장난 놀잇감 수선하기

IP 놀잇감의 나사를 조이거나 기름칠을 하는 등의 수선이 필요한 경우, 교사 혹은 유치원 내 관리직원에게 부탁하여 놀잇감을 수선하시는 모습을 유아들이 관찰하도록 한다.

쌓기 놀이 규칙 정하기

집단형태

대집단활동

활동유형

이야기나누기

활동자료

의논 결과를 기록할 종이와
필기구

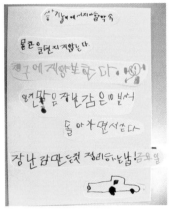

쌓기 놀이 규칙판

활동목표

■ 놀잇감을 안전하게 사용하는 방법을 알고 실천한다.

■ 문제 상황을 인식하고 문제 해결방법을 탐구한다.

■ 놀이에 필요한 규칙을 알고 지킨다.

■ 친구들과 놀잇감을 나누어 쓰는 태도를 기른다.

활동방법

○ 교사는 자유선택활동 시간에 쌓기 놀이 영역에서의 문제 상황(유아들이 놀잇감을
위험하게 사용하거나 친구들과 다투는 상황)을 관찰한다.

○ 놀잇감을 안전하게 사용해야하는 이유와 방법에 대하여 이야기를 나눈다.

■ 이 놀잇감은 어떻게 가지고 노는 것일까요?

■ 그런데 지금은 어떻게 가지고 놀고 있나요?

■ 계속 이렇게 가지고 놀면 어떤 일이 일어날까요?

　• 친구가 자동차에 맞아서 다칠 수 있다.

　• 자동차가 고장날 수 있다.

■ 이 놀잇감을 가지고 놀 때 또 어떤 점을 조심해야 할까요?

　• 자동차끼리 서로 부딪히게 하지 않는다.

　• 던지지 않는다.

○ 놀잇감을 사용하는 과정에서 다툼이 일어났을 때 문제 해결방법에 대해 이야기를
나눈다.

■ 무슨 일이 일어났나요?

　• ○○가 쓰고 있는 자동차를 ◇◇도 쓰고 싶다고 말 없이 가져갔다.

■ 친구가 이미 갖고 있는 놀잇감을 나도 가지고 놀고 싶을 때에는 어떻게 해야 하
나요?

　• 친구에게 같이 써도 되는지 물어본다.

　• 친구에게 양보해달라고 부탁한다.

■ 친구가 내가 갖고 있는 놀잇감을 가지고 놀고 싶다고 할 때에는 어떻게 해야 하
나요?

　• 친구와 같이 가지고 논다.

- 내가 많이 가지고 놀았으면 친구에게 양보한다.
- 놀이를 시작한지 얼마 되지 않았고, 더 가지고 놀고 싶을 경우 친구에게 양보할 때까지 기다려달라고 부탁한다.
  - 친구에게 기다려달라고 부탁한 다음 얼마나 더 가지고 논 다음에 양보하는 것이 좋을까요?
    - ○분, 시계의 긴 바늘이 ○칸에 갈 때까지 기다려 달라고 부탁한다.
○ 놀잇감 사용에 관한 규칙을 정한다. **T**IP
  - 우리가 나눈 이야기 중에 다른 친구들도 꼭 알아야 할 것이 있나요?
  - 방안놀이가 끝나고, 놀이 평가 시간에 다른 친구들에게도 알려주도록 합시다.
○ 규칙이 정해지면 교사 또는 유아들이 그림으로 그리고, 글씨로 써서 해당 놀이 영역에 붙인다.

유치원에서의 안전한 생활

TIP 쌓기 놀이 영역뿐만 아니라 각 흥미 영역에서 지켜야 할 규칙이 생길 경우 이와 같은 방법으로 유아들과 의논하여 결정한다.

유의점

- 교사는 평소 유아들이 각 흥미 영역에서 놀이하는 모습을 유심히 관찰하고, 문제가 일어나는 상황에 대하여 유아들과 즉시 이야기를 나눈다. 학급 유아 모두가 알고 지켜야 할만한 사안일 경우, 놀이 평가 시간에 함께 이야기를 나누어 규칙으로 정한다.

관련활동

- 이야기나누기 '흥미 영역 소개' (28쪽 참고)
- 이야기나누기 '놀잇감 사용 규칙 정하기' (118쪽 참고)

활동 4

흥미 영역 적정 인원수 정하기

집단형태
대집단활동

활동유형
수학

활동자료
기록용구(화이트보드, 보드마카펜)

TIP 실내자유선택활동 시 일어난 문제에 대하여 유아들과 이야기를 나누기 위해 교사는 유아들의 놀이를 유심히 관찰하고 이에 대한 해결방안을 모색하도록 한다.

활동목표

■ 집단 생활을 위해 약속과 규칙이 필요함을 알고 지킨다.

■ 문제 상황을 인식하고 문제 해결방법을 탐구한다.

■ 수를 세고 크기를 비교한다.

활동방법

○ 놀이평가를 하기 위해 모여 앉는다. **TIP**

○ 방안놀이 시간에 각 영역에서 일어났던 문제상황에 대해 이야기를 나눈다.

　■ 놀이를 하면서 불편했던 점이 있었나요?

　　• 놀이하는 사람이 많아 놀잇감이 부족했다.

　　• 자리가 좁아서 불편했다.

○ 문제를 해결할 수 있는 방법에 대해 이야기를 나눈다.

　■ 어떻게 하면 여러 사람이 편하게 놀이할 수 있을까요?

　　• 놀잇감 사용 순서를 정해 순서대로 가지고 논다.

　　• 더 많은 놀잇감을 준비한다.

　　• 놀이할 수 있는 공간을 넓힌다.

　　• (위의 방법을 시행하기가 어렵거나 변화를 주어도 문제가 해결되지 않을 때) 한 번에 놀이할 수 있는 사람의 수를 정한다.

○ 유아들의 의견을 반영하여 적정 인원수를 알리는 표시판과 이름표를 만든다.

　■ 이 영역에서는 몇 명이 함께 노는 것이 적절할까요?

　■ 표시판에 ○명이라고 써봅시다.

○ 완성된 표시판, 이름표의 사용방법과 부착 장소에 대해 이야기를 나눈다.

　■ 이 표시판을 어떻게 사용할까요?

　　• ○○놀이를 하고 싶은 사람은 자신의 이름표를 찾아 표시판의 빈 칸에 붙인다.

　　• 놀이를 마친 후에는 놀이한 사람들 이름표를 거는 곳으로 이름표를 옮긴다.

○ 흥미 영역 적정 인원수에 따라 방안놀이를 한다.

　■ 이 곳에서 몇 명이서 놀이할 수 있나요?

　■ 지금은 몇 명이 놀고 있나요?

　■ 몇 명이 더 놀 수 있나요?

○ 유아들의 방안놀이가 끝난 후 놀이 평가 시간에 문제 상황이 해결되었는지 알아본다.

■ 오늘 ○○영역에서 놀이할 사람 표시판을 사용했었나요?

■ 놀이하기에 어떠했나요?

■ 놀이할 사람 표시판을 사용하기 전과 어떻게 다른가요?

유의점

■ 흥미 영역에서 놀이하는 유아의 수를 반드시 정해야 하는 것은 아니다. 놀이 공간이나 놀잇감이 부족해 유아들이 불편함을 느끼는 경우, 이를 해결하기 위한 방법의 하나로 흥미 영역의 적정 인원수를 정한다.

관련활동

■ 이야기나누기 '흥미 영역 소개' (28쪽 참고)

■ 이야기나누기 '놀잇감 사용 규칙 정하기' (118쪽 참고)

활동 5 마당 놀이 기구 소개

집단형태

중집단활동(약 15명) **T**IP

활동유형

이야기나누기

TIP 1 본 활동은 유아들이 직접 기구를 이용하면서 규칙을 익혀야 하므로 가능한 약 15명 이하의 수로 집단을 구성하는 것이 좋다.

종합놀이기구 사용방법 소개하기

활동목표

■ 실외 놀이기구의 명칭을 안다.

■ 실외 놀이기구의 바른 사용법을 익힌다.

■ 실외 놀이기구를 안전하게 사용하는 습관을 형성한다.

활동방법

○ 유아들과 마당에 있는 놀이기구를 돌아보며 사용방법과 놀이 시 지켜야 할 약속에 대해 이야기를 나눈다.

| 종합 놀이 기구 |

■ 이곳에서는 어떤 놀이들을 할 수 있나요?

• 줄잡고 올라가기, 미끄럼타기, 그물다리 지나가기, 굴 빠져 나가기, 계단 오르내리기 등

■ 여러 가지 놀이를 할 수 있는 곳이라서 '종합놀이터'라고 불러요.

■ 미끄럼틀을 탈 때 어떤 약속을 지켜야 할까요?

• 눕거나 엎드려서 미끄럼틀을 타지 않고 앉아서 탄다.

• 앞사람이 미끄럼틀을 다 타고 일어서서 미끄럼틀을 떠난 뒤에 출발한다. 앞사람은 뒷사람이 내려오도록 빨리 일어나서 미끄럼틀을 떠난다.

• 여러 사람이 한꺼번에 미끄럼틀을 타고 내려오지 않는다.

• 미끄럼틀에서 거꾸로 올라가지 않는다.

■ 그물다리를 건널 때 어떤 약속을 지켜야 할까요?

• 양쪽의 손잡이를 잡고 걸어간다.

• 다른 친구가 흔들다리를 건널 때 흔들지 않는다.

■ 종합놀이기구 위에서 어떤 약속을 지켜야 할까요?

• 다른 놀잇감을 손에 들고 올라가지 않는다.

• 친구들을 밀거나 당기지 않는다.

• 치마를 입거나 구두, 슬리퍼 등 미끄러운 신발을 신은 날에는 종합놀이기구에 올라가지 않는다.

| 네스팅브리지 |

■ 이것은 네스팅브리지라고 해요. 어떻게 사용하는 것일까요?

- 계단으로 올라가고 나무판을 건너서 반대쪽으로 내려온다.
  - ■ 이곳에서는 네스팅브리지에서는 어떤 약속을 지켜야 할까요?
    - 올라가고 내려올 때 손잡이를 잡는다.
    - 나무판을 건널 때 걸어서 건너간다.

| 그네 |

- ■ 이것은 무엇일까요?
  - 그네
- ■ 그네를 탈 때는 어떤 약속을 지켜야 할까요?
  - 차례를 지켜 그네를 탄다.
  - 그네를 타고 싶은 사람은 '그네 기다리는 곳' 의자에 차례대로 앉아서 기다린다. **T**IP 2
  - 그네를 탈 때 차례를 기다리는 친구가 있는 경우에는 수를 20까지 셀 동안 타고 내린다.
  - 그네와 부딪칠 수 있으므로 그네 앞, 뒤로 지나다니지 않는다. 그네 주위의 나무 울타리 밖으로 다닌다. **T**IP 3

| 모래 놀이터 |

- ■ 이곳에서는 어떤 놀이를 할 수 있을까요?
  - 모래놀이
- ■ 모래놀이를 할 수 있는 모래놀이터예요. 모래 놀이를 하려면 어떻게 해야 할까요?
  - 놀이할 때 필요한 물건을 바구니에서 꺼내 온다.
- ■ 바구니 안에 무엇이 들어 있나요?
  - 삽, 그릇, 양동이, 조리개 등
- ■ 모래놀이를 할 때에는 어떤 약속을 지켜야 할까요?
  - 다른 사람에게 모래가 묻거나 튀지 않도록 조심한다.
  - 다른 사람에게 모래를 뿌리지 않는다.
- ■ 모래놀이를 한 후에는 어떻게 정리해야 할까요?
  - 자신이 사용한 놀잇감을 바구니에 정리한다.
  - 바구니에 있는 사진을 보고 종류별로 정리한다.

| 자전거 | **T**IP 4

- ■ 자전거의 이 부분을 무엇이라고 부르나요?
  - 손잡이 및 브레이크: 손잡이를 두 손으로 꽉 잡는다. 멈추고 싶을 때 브레이크를 쥔 손을 꽉 잡아 당긴다.
  - 페달 및 바퀴: 각 페달에 발을 끼고 굴리면 바퀴가 돌아가면서 자전거가 움직인다.

그네

TIP 2 유아들이 '기다리는 곳'을 알 수 있도록 표지판을 붙인다.

그네 기다리는 곳

TIP 3 그네의 안전공간 확보를 위해 그네 주위에 성인 허리 정도 높이의 나무 울타리(예: 쥐똥나무 울타리)를 두른다.

TIP 4 자전거에 대한 이야기를 나눌 때에는 자전거길 바깥쪽에 평균대 혹은 긴 의자를 준비하여 유아들이 앉은 상태에서 활동에 참여할 수 있도록 한다.

■ 자전거는 어떻게 타는 것일까요?

　• 페달에 발을 건다.

　• 두 손으로 손잡이를 잡는다.

　• 페달을 발로 굴리면서 자전거를 움직인다.

　• 방향을 바꿀 때에는 손잡이를 돌린다.

　• 멈출 때에는 브레이크를 쥔 손을 꽉 쥐어 당긴다.

■ 자전거는 어디서 타야 하나요?

　• 마당에서 다른 놀이를 하는 친구들과 부딪히지 않기 위해 자전거길에서만 탄다.

　• 자전거를 탈 때에는 자전거가 흰 선 밖으로 나가지 않도록 운전한다.

■ 자전거길 가운데 횡단보도가 왜 있을까요?

　• 자전거 길을 건너고 싶은 사람들이 안전하게 건널 수 있도록 표시해 놓은 길이다.

■ 자전거길을 건너가고 싶으면 어떻게 해야 할까요?

　• 횡단보도 앞에 서서 오른쪽과 왼쪽을 살핀다. 자전거가 오지 않거나 멈추어서면 한 손을 높이 들고 길을 건넌다.

　• 브레이크를 잡아 속도를 늦추고 횡단보도 앞에서 멈춘다.

　• 횡단보도를 건너는 사람들이 길을 다 건너면 출발한다.

■ ○○○반 어린이들이 탈 수 있는 자전거가 여러 대 있어요. 자전거에 어떤 표시가 붙어 있나요?

　• 자전거마다 다른 색깔 표시가 붙어 있다.

■ 이 중에서 원하는 자전거를 선택해서 탈 수 있어요. 만약 분홍색 표시 자전거를 타고 싶은데 친구가 이미 타고 있다면 어떻게 해야 할까요?

　• 분홍 표시 자전거를 기다리는 곳에 차례대로 앉아서 기다린다. **Ⓣ IP 5**

■ 자전거를 타는 사람은 두 바퀴를 돈 후 기둥 앞에 멈춰서 다른 사람에게 자전거를 양보해 주세요.

○ 자전거를 정리하는 방법에 대해 이야기한다.

■ 정리 시간이 되면 어떻게 해야 할까요?

　• 자전거 보관 창고에 선생님과 함께 자전거를 넣어둔다.

유의점

■ 본 활동을 소개할 놀이기구의 수와 교육 내용의 양에 따라 2회에 나누어 실시한다. 놀이를 할 때, 사용방법과 안전 규칙에 대하여 이야기를 나눈 놀이기구만 사용하여 놀기로 약속을 정한다.

■ 교사는 매일 아침 실외 놀이기구의 안전상태를 점검한다.

횡단보도 건너는 방법 소개하기

Ⓣ IP 5 다른 형태와 크기의 자전거를 여러 대 준비하여 유아들이 흥미와 수준에 따라 자전거를 선택해서 탈 수 있도록 한다. 각 자전거에 색깔 표시를 붙이고 대기하는 공간을 색깔별로 구분하여 유아들이 원하는 자전거 색깔에 해당하는 곳에서 기다릴 수 있도록 한다.

자전거 주차장과 자전거 대기장소

■ 실외자유선택활동 시 유아들의 놀이를 관찰하여 유아들이 위험한 행동을 하는 경우 즉시 개별 지도한다. 학급 유아들이 모두 알아야 할 내용인 경우, 놀이 평가 시간에 안전한 놀이방법 및 태도에 대해 지도한다.

확장활동

■ 필요한 경우 실외 놀이 시 지켜야 할 약속을 유아들과 그림으로 그리고 글씨를 써서 약속판을 만든다. 그 후 약속판을 교실이나 복도 게시판에 붙여 모든 유아들이 함께 보고 지키도록 한다.

관련활동

■ 이야기나누기 '마당에서 지켜야 할 규칙' (128쪽 참고)
■ 이야기나누기 '신입 원아 유치원 돌아보기' (26쪽 참고)

활 동
6

마당에서 지켜야 할 규칙

집단형태

자유선택활동 · 대집단활동

활동유형

실외 영역 · 이야기나누기

활동자료

의논한 결과를 기록할 종이 및 필기구

활동목표

■ 실외 놀이시설을 안전하게 이용하는 방법을 안다.
■ 실외 놀이시설을 안전하게 이용하는 습관을 기른다.

활동방법

○ 실외자유선택활동 시간에 유아들이 안전하게 놀이하는지 관찰한다.
○ 마당의 각 영역에서 놀이하는 유아들과 지켜야 할 규칙에 대해 이야기한다. 다음은 그네에서 지켜야 할 약속의 예이다.

■ 이곳은 무슨 놀이를 할 수 있는 곳인가요?
　• 그네를 타며 놀 수 있다.
■ 안전하고, 재미있게 놀기 위해 정한 규칙이 있나요?
　• 친구가 그네를 타고 있을 때에는 그네를 둘러싼 울타리 안으로 다니지 않는다.
　• 엎드리거나 누워서 타지 않고 바르게 앉아서 탄다.
　• 그네 줄을 꼬거나 옆 방향으로 타지 않는다.
　• 기다리는 친구가 있을 때에는 20번만 타고 양보한다.
　• 그네를 타러 왔는데 이미 그네를 타고 있는 친구가 있을 때에는 기다리는 곳에서 기다린다.

○ 정한 규칙을 종이에 써서 규칙판을 만든다.
■ 다른 친구들도 잘 기억할 수 있도록 글로 써봅시다.

○ 실외자유선택활동이 끝난 후, 대집단으로 모여 앉아 마당의 각 놀이 영역별로 지켜야 할 규칙을 소개한다.
■ 그네를 탈 때에 지켜야 할 규칙에는 어떤 것들이 있는지 친구의 이야기를 들어봅시다.

○ 규칙대로 놀이했는지에 대해 평가한다.
■ 오늘 규칙을 지켜 놀이한 사람들은 손들어 보세요.
■ 지키기 어려운 규칙이 있었나요? 친구들이 더 잘 지켰으면 하는 규칙이 있나요?

○ 유아들이 만든 규칙판을 게시한다.

그네를 탈 때 지켜야 할 약속 규칙판

관련활동

■ 이야기나누기 '마당 놀이 기구 소개' (124쪽 참고)
■ 이야기나누기 '쌓기 놀이 규칙 정하기' (120쪽 참고)

활동 7 걸어다녀요

활동목표

- 실내에서 걷는 습관을 기른다.
- 유치원에서 안전하게 생활하기 위해 약속과 규칙이 필요함을 알고 지킨다.

활동방법

○ 계획하기 시간에 유아들에게 오늘 하루 동안 유아들의 생활을 비디오 카메라로 촬영할 것임을 알린다.

- 오늘 하루 동안 ○○○반 어린이들이 교실 안에서, 복도에서 어떻게 다니는지 비디오 카메라로 찍어서 함께 보고 이야기를 나눌거예요.

○ 유아들의 유치원 생활을 동영상으로 촬영한다. 교사는 동영상으로 촬영한 것을 보면서 유아들이 실내에서 뜀으로 인하여 발생하는 문제 행동을 중심으로 편집하여 약 2~3분 정도의 동영상으로 만든다.

○ 편집한 동영상을 함께 보며 이야기를 나눈다.

- (뛰어가다가 미끄러져서 넘어진 장면을 보면서) ○○는 왜 울게 되었을까요?
- 넘어지지 않으려면 어떻게 해야 할까요?
  - 실내에서 뛰어다니지 않는다. 걸어다닌다.
- (계단에서 빨리 내려오다 다른 사람이랑 부딪힌 장면을 보면서) △△는 왜 다쳤을까요?
  - 계단에서 빨리 내려오다가 다른 사람을 보지 못했다.
  - 안전거리를 유지하지 않았다.
- 계단에서 내려올 때 어떻게 해야 할까요?
  - 조심해서 내려온다.
  - 계단은 한 개씩 내려온다.
  - 앞을 잘 보고 내려온다.
  - 계단 옆 손잡이를 붙잡고 내려온다.
- 친구들과 부딪쳤을 때는 뭐라고 말해야 할까요?
  - 미안하다고 사과한다.

○ 이런 내용이 담긴 동화가 있음을 소개한 후 동화를 들려준다.

- 선생님이 우리 반 어린이들을 찍은 비디오테이프를 보고 동화를 만들었어요.

집단형태
대집단활동

활동유형
동극 · 이야기나누기

활동자료
유아들의 유치원 생활을 촬영한 동영상 혹은 사진, 테이블 동화자료

계단에서 내려오다가 부딪히는 장면

잘 들어보세요.

○ 동화의 내용을 회상한다.

○ 동극을 하기 위해 필요한 준비물을 정한다.

■ 이 동극은 어떤 무대가 필요할까요?

• 마룻바닥, 계단

■ 계단은 무엇으로 표현하면 좋을까요?

○ 동극의 배역을 정한다.

○ 배역을 맡은 유아를 소개한다.

○ 동극을 한다.

■ 지금부터 ○○○반 어린이들의 '걷기' 동극을 시작하겠습니다.

• 동극 시, 교사는 해설을 맡아 동극이 원활하게 진행될 수 있도록 돕는다.

○ 동극을 평가한다.

■ 동극을 보았던 어린이들 중에서, 제일 재미있었던 부분을 이야기할 사람 있나요?

■ 동극을 했던 어린이들 중에서 재미있었던 것을 이야기할 사람 있나요?

■ 동극을 보면서 아쉬웠던 점이 있나요?

○ 평가 내용을 바탕으로 2차 동극을 한다.

유의점

■ 본 활동은 학급 유아들이 전반적으로 실내에서 걷기 기본생활습관을 잘 지키지 않을 때 실시하는 활동이다. 활동을 실시하기 전 유아들이 학급의 문제를 인식하고 함께 해결하려는 의지를 갖도록 충분히 이야기를 나눈다. 활동을 도입할 때 비디오 촬영에 대해 유아들의 동의를 구하고 특정 유아의 행동이 공개적으로 비난받지 않아야 함을 유념하여 비디오를 촬영·편집한다.

■ 유아들이 자신의 문제 행동을 동극활동을 통해 개선할 수 있도록, 가능한 모든 유아들에게 한 번 씩 참여 기회를 준다.

확장활동

■ 학급 유아들의 기본생활습관 중 부족한 부분이나 문제가 되는 상황에 맞게 동화 내용을 수정하여 실시한다.

관련활동

■ 율동 '걷기' (136쪽 참고)

■ 동화 '친구에게 사과하는 말' (72쪽 참고)

걸어다녀요

| 상황 1 |

여기는 ○○○반입니다. 철이는 장 앞에서 실내화를 갈아 신었습니다. 빨리 쌓기 놀이 영역에 있는 빨간 자동차를 가지고 놀고 싶었어요. 그래서 장 앞에서 쌓기 놀이 영역까지 뛰기 시작했습니다.

그러다 그만 마룻바닥에서 미끄러져 넘어지고 말았습니다.

철 이	(미끄러져 넘어지며) 아이 아파! 엉엉엉...
동현, 순이	괜찮니?(손을 내밀어 철이를 일으켜준다) 다치지 않았어?
철 이	응. 괜찮아.
동현, 순이	그러니까 다음부터 조심해서 걸어다녀.
철 이	응 그래. 고마워.

철이와, 동현, 순이는 함께 걸어서 쌓기 놀이 영역으로 갔습니다. 그리고 자동차를 가지고 재미있게 놀았습니다.

| 상황 2 |

○○○반 어린이들은 시청각실에서 재미있게 동화를 보았습니다. 그리고 다시 ○○○반으로 돌아가기 위해서 계단을 내려오고 있었어요. 정환이는 계단을 한 개씩 내려오다가, 너무 느려서 두 개씩, 세 개씩 빨리 내려오고 싶었어요. 그래서 앞도 보지 않고 빠르게 내려가기 시작했습니다.

그러다 그만 계단을 올라가던 영이와 세게 부딪히고 말았어요. 영이는 너무 아파서 바닥에 앉아 울기 시작했습니다.

영 이	아이 아파, 엉엉엉....
정 환	앗! 미안해. 괜찮아?
예 진	(영이를 부축해주면서) 영이야, 괜찮아? 일어나 봐.
현 우	정환아, 계단을 내려올 땐 앞을 잘 봐야지. 천천히 내려 와야 해.
영 이	다음부턴 조심해.
정 환	응 미안해. 다음부턴 조심할게.

그 후로 반 어린이들은 실내에서는 걸어 다니기 약속을 잘 지키면서 친구들과 함께 사이좋게 지냈답니다.

복도에서 걷기

집단형태

대집단활동

활동유형

사회

활동자료

복도 전경 사진, 유아들이 복
도를 지나는 모습 사진

걷기 약속 적어 복도에 게시하기

활동목표

■ 유치원에서 안전하게 생활하기 위해 약속과 규칙이 필요함을 안다.

■ 복도에서 걸어다니는 습관을 기른다.

■ 문제 상황을 인식하고 해결방법을 탐구한다.

활동방법

○ 복도를 이용하는 상황에 대하여 이야기를 나눈다.

■ 우리는 언제 복도를 지나다니나요?

• 아침에 유치원에 도착해서 교실 안으로 들어올 때

• 마당 놀이를 하기 위해 신발을 가지러 장으로 갈 때

• 유희실에 내려갈 때

• 물을 마시러 갈 때

○ 복도에서 걷기의 필요성에 대하여 이야기를 나눈다.

■ 복도는 나 혼자 이용하는 곳인가요?

• 여러 사람이 함께 이용하는 곳이다.

■ 복도에서는 어떤 모습으로 걸어 다녀야 하나요?

• 한 줄로 서서 가야 한다.

• 뛰지 않고 바른 자세로 걸어가야 한다.

• 차례를 지키며 다녀야 한다.

• 맞은편에서 오는 사람과 부딪치지 않게 한 방향으로 걸어 다녀야 한다.

■ 복도에서는 왜 걸어 다녀야 할까요?

• 뛰어 다니면 넘어져서 다칠 수 있다.

• 다른 친구들과 부딪치면 양 쪽 사람 모두 다칠 수 있다.

• 뛰어 다니면 시끄러운 소리가 나므로 다른 사람들에게 방해가 된다.

○ 걷기 약속을 정한 이후 놀이 평가 시간을 통해 걷기를 잘 실천할 수 있는 방안에
대하여 의논한다.

■ 그런데 걸어야 하는 약속을 잘 알면서도 지키지 못하는 아이들을 많이 보았어
요. 복도에서 걷지 않고 뛰어본 적 있나요?

■ 복도에서 왜 뛰게 되었나요?

- 급한 일이 있어서
- 마당에 빨리 나가고 싶어서
- 약속이 기억나지 않았기 때문에

■ 빨리 가고 싶은 마음 때문에 복도에서 뛰면 어떤 일이 일어날까요?
- 넘어질 수 있다. 넘어지면 다치고 아프기 때문에 걸어갈 때보다 더 늦어질 수 있다.

■ 걷기 약속을 잘 기억하기 위한 방법이 있을까요?
- 걷기와 관련된 약속을 적어서 복도에 게시한다.
- 걸어가는 방향을 나타내는 화살표를 만들어서 아이들이 많이 다니는 곳에 붙인다.

걷는 방향 화살표 만들어 바닥에 부착하기

방향대로 걷기

유의점

■ 유아들과 걷기 약속을 정한 후, 교사는 유아들의 행동 변화를 관찰하고, 약속이 잘 지켜지지 않을 경우 유아들과 함께 이야기를 나눈다.

확장활동

■ 본 활동은 유치원의 여러 실내 장소 중 유아들의 뛰는 모습이 가장 빈번히 관찰되는 장소인 복도에 초점을 두어 전개한 것이다. 활동 후 복도 외에 유치원의 다른 실내 장소(예: 교실, 유희실 등)에서 유아들의 행동을 지속적으로 관찰한다. 걷기 약속이 잘 지켜지지 않는 경우 해당 장소를 초점으로 활동내용을 수정하여 전개한다.

관련활동

■ 율동 '걷기' (134쪽 참고)

집단형태
대집단활동

활동유형
율동(기본율동)

활동자료
피아노, 악보

걷기

활동목표

■ 바르게 걷는 방법을 안다.
■ 음악에 맞추어 바른 자세로 걷는다.

활동방법

○ '걷기' 음악을 들려주고 음악을 들은 느낌을 이야기한다.

■ 오늘은 북소리 대신 피아노 소리에 맞추어 걸어봅시다. 먼저 어떤 음악인지 들
어보세요(교사가 '줄 따라 걷자' 또는 '5월의 행진곡'을 피아노로 들려준다).

○ 교사가 바른 자세로 걷는 모습을 시범 보인다.

■ 이 음악에 맞추어 선생님이 교실을 걸어볼게요. 선생님이 팔, 다리를 어떻게 움
직이는지, 어떤 자세로 걷는지 잘 살펴보세요.

○ 희망하는 유아 2~3명이 앞으로 나와서 음악에 맞추어 걷고, 유아들이 걷는 모습
에 대해서 이야기를 나눈다.

■ 누가 나와서 선생님처럼 걸어보겠어요?

■ ○○가 팔을 어떻게 하고 있나요?

■ ○○는 다리를 어떻게 하면서 걷고 있나요?

○ 교사 또는 걷기를 잘했던 유아가 걷는 모습을 다시 보면서 바른 자세로 걷는 방법
에 대하여 이야기를 나눈다. **T**IP 1

■ 바르게 걷는 것은 어떻게 걷는 것인가요?

• 가슴과 허리를 쫙 펴고 양팔을 자연스럽게 흔들면서 걷는다.

• 알맞은 속도로 걷는다.

• 발을 끌지 않고 힘주어 걷는다.

■ 걸을 때는 어디를 보고 걸어야 할까요?

• 고개를 들고 앞을 보며 걷는다.

○ 여럿이 함께 나와서 걷기 전에 한쪽 방향으로 걸어가야 함을 이야기한다.

■ 서로 부딪히지 않고 안전하게 걷기 위해 정해야 할 약속이 있어요.

• 한 방향으로 걷는다.

○ 전체 유아 중 반 수의 유아들이 앞에 나와 음악에 맞추어 걷고 유아들의 걷는 모습
을 평가한다. **T**IP 2

TIP 1 교사는 유아들의 걷는
모습을 보며 바른 자세로 걷는 유
아가 누구인지 관찰한다.

TIP 2 교사는 유아들의 걷는
모습을 관찰하며 격려한다. 자리
에 앉아 있는 유아들은 앞에 나와
서 걷는 유아들의 모습을 관찰하
도록 한다.

○ 순서를 바꾸어서 앉아 있던 유아들이 앞에 나와서 걷고, 이를 평가한다.

○ 피아노 소리의 세기와 빠르기에 변화를 주며 다함께 음악에 맞추어 걷는다. 교사
는 유아들이 음악에 맞추어 바른 자세로 걷도록 지도한다.

관련활동

■ 율동 '북소리에 맞추어 걷기' (82쪽 참고)

악 보

줄 따라 걷자

작사 · 작곡 정태욱

5월의 행진곡

외국곡

※출처: 이은화 · 김순세(1973) . 어린이춤곡. 형설출판사.

■ 미리 바닥에 선을 그어놓고 선을 따라 걷거나, 표시가 되는 목적물 몇 개를 놓은 후 그 사이를 걸어본다. 앞으로 걷기가 익숙해지면 옆으로 걷기, 뒤로 걷기를 한다.

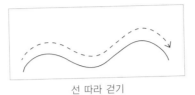

선 따라 걷기　　　　　　　목적물 사이를 지그재그로 걷기

활동 10 슬리퍼 만들기

활동목표

■ 다양한 재료를 활용하여 작품을 꾸밈으로써 심미감을 기른다.

활동방법

○ 역할 놀이 영역에서 소품으로 사용할 수 있는 슬리퍼를 만들어 보자고 제안한다.

■ 우리 교실 역할 놀이 영역 소품으로 어떤 신발들이 있나요?

• 구두, 운동화, 슬리퍼

■ 우리가 신발을 만들어서 역할 놀이에 사용하면 어떨까요?

■ 슬리퍼를 만들기 위해 필요한 재료를 살펴봅시다.

○ 유아들과 슬리퍼 만들기 재료를 살펴보고 슬리퍼를 만든다.

■ 내 발에 꼭 맞는 슬리퍼를 만들려면 어떻게 하는 것이 좋을까요?

■ 실내화를 종이에 대고 윤곽선을 따라 그린 뒤 오린다.

■ 슬리퍼의 바닥으로 사용할 두꺼운 종이 위에 실내화를 올려보세요. 실내화가 흔들리지 않도록 손으로 잘 잡은 뒤에 실내화의 윤곽선을 따라 그려보세요. **T**IP

■ 두꺼운 종이에 그린 선을 따라 오리고 장식하세요.

■ 슬리퍼 바닥에 발을 올려놓고, 골판지로 발등을 감싸보세요. 슬리퍼가 헐겁지 않도록 딱 맞게 감싸고 자르세요.

■ 자른 골판지를 슬리퍼 바닥에 붙이고 장식하세요.

○ 완성한 슬리퍼를 신어본다.

■ 완성한 슬리퍼를 신어보세요. 발에 꼭 맞나요?

■ 슬리퍼를 신고 걸어보세요. 슬리퍼가 헐거워 벗겨지지 않나요?

■ 장식을 아름답게 했나요?

■ 우리가 만든 슬리퍼는 역할 놀이 영역에 두고 놀이할 때 신기로 해요.

확장활동

■ 유아들이 만든 슬리퍼를 활용하여 신발가게 놀이를 한다.

집단형태
자유선택활동

활동유형
조형 영역

활동자료
골판지 혹은 부직포(길게 잘라서 준비), 두꺼운 종이, 가위, 무독성 목공용 본드, 본드받침, 색연필, 색종이, 색공, 스팽글 등

TIP 실내화를 두꺼운 종이에 대고 본을 그릴 때 교사가 도와주기보다는 유아들이 서로 도움을 주고받을 수 있도록 제안하고 격려해 준다.

실내화 바닥 본 그리기

비상문과 대피도

집단형태
대집단활동

활동유형
이야기나누기

활동자료
비상문 표시등 사진, 대피도

비상문 표시등

대피도

활동목표

■ 비상문과 대피도의 의미를 안다.

■ 화재 발생 시 안전한 대피 경로와 대피방법을 안다.

■ 유치원에서 안전하게 생활하는 태도를 기른다.

활동방법

○ 비상문 표시등 사진을 보며 비상문에 대해 이야기한다.

■ 이 사진을 본 적이 있나요? 어디에서 보았나요?

■ 무엇을 나타내는 것일까요?

• 비상문은 위험하고 급한 일이 생겼을 때 밖으로 대피할 수 있도록 만들어 놓은 문을 말한다.

• 비상문 위에는 비상문 표시등이 있어서 사람들이 위험한 상황에서도 쉽게 통로를 찾을 수 있도록 도와준다.

• 비상문 표시등은 불이 나서 건물의 전기가 끊어져도 얼마 동안은 꺼지지 않아 주변이 캄캄한 상황에서도 비상문의 위치를 알려줄 수 있다.

■ 위험한 일이 생겼을 때 비상문을 통해서 빠르게 대피할 수 있으려면 어떻게 해야 할까요?

• 비상문의 위치를 기억해 둔다.

• 언제든지 비상문을 사용할 수 있도록 비상문 앞에서 구조물을 만들지 않는다.

• 비상문을 잠그지 않는다.

■ 우리 반에는 비상문이 어디에 있을까요? 함께 찾아봅시다.

○ 유치원 대피도를 보며 대피도에 대해 이야기한다.

■ 이런 그림을 본 적이 있나요?

■ 무엇을 알려주는 것일까요?

• 대피도는 위험한 일이 생겼을 때 가장 빠르게 밖으로 대피할 수 있는 길을 알려주는 것이다.

• 빨간색 선은 가장 빠르게 대피할 수 있는 길을 말한다.

■ ○○(학급 이외의 장소)에 있을 때 위험한 일이 일어나면 어느 길로 대피해야 할까요?

○ 유아들이 대피 경로를 미리 숙지해 둘 수 있도록 대피도를 보면서 대피 경로를 따라 이동해 본다.

유의점

■ 유아들이 침착한 태도로 대피 연습을 할 수 있도록 지도한다.
■ 다른 학급과 활동실에서의 대피 경로도 알아보며 유아들이 유치원의 모든 장소에서의 대피 경로를 알 수 있도록 한다. 또한 실제로 대피 경로를 따라 이동해 보는 활동을 정기적으로 반복하여 유아들이 유치원의 모든 장소에서의 대피 경로를 충분히 숙지할 수 있도록 한다. 하루에 모든 장소의 대피 경로를 알아보는 것보다는 2~3차 시에 나누어 활동하도록 한다.

관련활동

■ 신체(게임) '유치원 비상문 찾기' (140쪽 참고)

활동 12 유치원 비상문 찾기

집단형태
대집단활동

활동유형
신체(게임)

활동자료
비상문 표시등 그림 여러 개 (건물의 비상문마다 부착할 수 있을 만큼) **T**IP , 모둠별로 찾은 비상문을 붙일 판, 화이트보드, 보드마카펜

TIP 게임을 시작하기 전, 유치원 건물의 각 비상문마다 유아들 손이 닿을 높이로 비상문 표시 그림을 붙여놓는다.

활동목표
- 비상문의 의미와 표시를 안다.
- 위험한 상황에서 대처방법을 알고 실천한다.

활동방법

○ 비상문 표시등에 대해 이야기한다.
- 이것을 본 적 있나요? 어디에서 봤나요?
  - 밖으로 나가는 문에서 보았다.
- 이것은 무엇을 뜻한다고 했나요?
  - 여기로 가면 밖으로 나갈 수 있다는 뜻이다.
- 왜 이것을 문에 표시해두었나요?
  - 불이 났을 때와 같이 위험한 상황에서 사람들이 빨리 밖으로 나갈 수 있도록 해준다.
- 이러한 것을 무엇이라고 하나요?
  - 비상문 표시등

○ 유치원에 있는 비상문에 대해 생각해본다.
- 우리 유치원에도 이러한 비상문 표시등이 있을까요?
- 어디에 있을까요?

○ 게임을 소개한다.
- 선생님이 유치원에 있는 비상문마다 이러한 비상문 표시등 그림을 붙여놓았어요.
- 각 모둠마다 맡은 곳으로 가서 비상문 표시등 그림을 모두 가져오는 게임을 할 거예요.
- 찾은 그림은 이 판에 붙이고, 찾은 장소를 그 옆에 쓰도록 해요.

○ 게임을 하기 위해 모둠별로 역할을 정한다.
- 그럼 어느 모둠이 어느 곳에 갈 지 정해 봅시다.

○ 각 모둠별로 비상문 표시 그림을 찾아온다.
- 먼저 1층의 ○○○반에서 비상문 표시등 그림을 찾아올 사람들 모이세요.

○ 모든 모둠이 비상문 표시등 그림을 찾아온 후 평가를 한다.
- 모두 비상문 표시등 그림을 찾아왔나요?

■ ○○모둠은 어디에서 그림을 찾았나요?

■ 만약 ○○○반에 있을 때 불이 난다면, 어디로 피할 수 있을까요?

비상문 찾기

비상문 표시 그림을 찾는 장소기록하기

비상문 표시 그림을 판에 붙이기

유아들이 찾아온 비상문 그림 표시들

유의점

■ 각 모둠별로 비상문 표시등 그림을 찾기 위해 유치원을 돌아다닐 때에는 교사가 동행하도록 한다. 동시에 여러 모둠을 지도하기 어려운 경우, 실내자유선택활동 시간을 이용하여 한 모둠씩 순서대로 표시 그림을 찾아오도록 한다. 모둠별로 '3개씩 찾기' 등으로 표시 그림 개수를 제한하면 늦게 참여하는 모둠도 공정하게 게임을 할 수 있다.

관련활동

■ 이야기나누기 '비상문과 대피도' (138쪽 참고)

영양 주먹밥 만들기

집단형태

소집단활동(약 10명)

활동유형

과학

활동자료

- 재료(유아 30인 기준): 밥 (쌀 300g, 찹쌀 700g을 섞어서 지은 것), 다진 고기볶음 600g, 참기름 6ts)
- 기구: 양푼 6개, 계량스푼 1개, 전기밥솥 1개
- 기타: 요리복, 비닐장갑, 요리보

활동목표

- 쌀과 밥의 차이를 알고 비교한다.
- 요리에 쓰이는 음식 재료의 특징을 안다.
- 요리에 필요한 도구를 안전하게 사용하는 방법을 익힌다.

활동방법

| 밥 짓기 – 소집단활동 |

○ 아침에 일찍 등원한 유아들에게 요리에 필요한 밥을 짓자고 제안한다.

○ 찹쌀과 쌀을 7 : 3 정도로 섞은 후에 쌀을 깨끗이 씻어 밥솥에 넣는다.

○ 적당량의 물을 부은 후에 전기밥솥에 앉힌다.

○ 전기밥솥의 버튼을 눌러 밥을 짓는다.

| 요리활동 소개하기 – 대집단활동 |

○ 계획하기 시간에 유아들에게 오늘의 요리활동에 대하여 이야기한다.

- 아침에 무엇을 먹고 왔나요?
- 밥으로는 어떤 요리를 할 수 있을까요?
- 주먹밥을 함께 만들어 봅시다.
- 아침 일찍 유치원에 온 어린이들과 선생님이 주먹밥을 만들 때 필요한 밥을 지었어요.

○ 유아들에게 요리활동순서표에 대하여 소개한 후, 몇 번째로 요리를 하고 싶은지 결정하게 한다.

| 요리하기 – 소집단활동 |

○ 첫 번째 순서의 유아들이 요리 준비를 할 수 있도록 안내한다.

○ 손을 씻고 요리복을 입고 자리에 앉는다.

○ 요리순서도를 보면서 오늘 할 요리인 '영양 주먹밥'에 대해 설명한다.

○ 요리를 한다.

① 밥솥에서 밥을 양푼으로 옮겨 담는다. **🅣IP 1**

② 생쌀과 쌀밥을 비교하면서 모양, 냄새 등에 대하여 이야기를 나눈다.

- 쌀이 밥이 되면서 어떻게 달라졌나요?

🅣IP 1 밥을 그릇에 옮겨 담을 때에는 모둠 수에 맞추어 밥을 나누고 일정량만 옮겨 담아 나중에 요리하는 모둠 유아들의 재료가 부족하지 않도록 한다.

• 말랑말랑해졌다.

• 더 하얗게 되었다.

■ 냄새를 맡아보세요. 어떤 냄새가 나나요?

③ 참기름, 밥, 고기볶음을 양푼에 모두 넣는다. TIP 2

■ (참기름을 보여주며) 무엇일까요? 무엇으로 만들었을까요? 냄새가 어떤가요?

■ 참기름과 밥이 섞이면 어떻게 될까요?

• 고소한 맛이 난다.

■ 참기름은 미끄러워서 밥이 손에 들러붙지 않게 하는 역할은 해요.

④ 비닐장갑을 끼고 밥과 재료를 잘 섞는다.

⑤ 밥을 조금씩 떼어서 손으로 동그랗게 만든다.

○ 다 만든 주먹밥은 간식 접시에 2개씩 담는다.

○ 요리복을 정리한 후 간식으로 먹는다.

TIP 2 유아들이 요리활동에 익숙해지면 멸치 볶음, 김 가루 등 다른 재료를 사용하여 주먹밥을 만들어 본다.

주먹밥에 들어갈 재료 손질하기

밥과 재료 섞기

주먹밥 틀을 이용하여 주먹밥 만들기

유의점

■ 교실 안에서 밥을 지을 때 밥솥 가까이에 가면 화상의 위험이 있으므로, 유아들이 근처에 가지 않도록 지도한다.

■ 밥에 참기름을 넣은 후 충분히 섞어서 유아들이 요리하기에 적절한 온도로 밥을 식힌 후 요리한다.

활동 14 모자 옆으로 전하기

집단형태
대집단활동

활동유형
신체(게임)

활동자료
유아의 머리에 맞는 크기의 모자 2개

활동목표

- 민첩성을 기른다.
- 친구들과 협력하는 태도를 갖는다.

활동방법

○ 양 편으로 나누어 서로 마주 보고 앉는다.

○ 양편의 수를 확인한다.

- 게임을 하기 위해 양 편의 수가 어때야 하나요? 양 편의 수가 같은지 확인해봅시다.
- 양 편의 수가 어떤가요?
  - 양 편의 수가 다를 경우 수가 많은 편에서 적은 편으로 간다.
  - 한 명이 부족한 편에서는 한 편의 유아가 게임을 한 번 더 하도록 한다.

○ 게임 도구를 보며 게임방법에 대해 이야기를 나눈다.

- 게임을 하기 위해 필요한 준비물을 봅시다.
- 이 모자를 가지고 제자리에 앉아서 하는 게임을 할 거예요.
  - 맨 앞에 앉은 사람이 머리에 모자를 쓰고 손뼉을 한 번 친 다음, 옆 사람의 손에 모자를 전한다.
  - 다음에 앉은 유아도 머리에 모자를 쓰고 손뼉을 한 번 친 다음 옆 사람에게 모자를 전한다.
  - 모자를 빨리 전하는 편이 이기는 게임이다.

○ 게임할 때 필요한 규칙과 태도에 대해 이야기를 나눈다.

- 게임을 하기 위해 어떤 규칙이 필요할까요?
  - 모자를 옆 사람에게 전할 때에는 반드시 손에 전해준다.
  - 한 번에 한 사람씩 옆으로 전달한다. 바로 옆 사람에게 전달하지 않고 한 명을 건너 뛰어 그 다음 사람에게 전달하면 안 된다.
- 다른 사람이 게임을 할 때에는 어떻게 해야 할까요?
  - 자기 자리에 앉아서 열심히 응원한다.

○ 게임을 한다.

○ 게임을 평가한다.

■ 어느 편이 더 빨리 모자를 전달했나요?

■ 게임할 때의 태도는 어땠나요?

○ 두 번째 게임을 한다. **T**IP

관련활동

○ 신체(게임) '물건 전달하기' (112쪽 참고)

TIP 게임을 공정하게 하기 위해, 두 번째 게임을 할 때에는 양 편의 모자를 서로 바꾼다.

5. 이화유치원

다른 학급 친구들과 인사나누기 Ⅰ

집단형태
대집단활동

활동유형
이야기나누기

활동목표

■ 이화유치원에는 여러 학급이 있음을 안다.

■ 이화유치원의 친구들, 선생님들과 즐겁게 지내며 친밀감과 유대감을 형성한다.

■ 이화유치원의 구성원으로서 소속감과 자부심을 갖는다.

활동방법

○ 모임 장소로 이동하기 전 모임의 취지와 모임 시 지켜야 할 약속에 대해 이야기를 나눈다.

■ ○○○반 어린이들은 몇 살인가요?

• 7살

■ 이화유치원에는 일곱 살 어린이들이 지내는 반이 또 있어요. 무슨 반일까요?

• △△△반에 일곱 살 어린들이 지낸다.

• □□□반에 여섯살 동생들과 일곱 살 형들이 지낸다.

■ 이화유치원에는 일곱 살 어린이들이 함께 모여서 인사를 나눌 거예요. 함께 모일 때 어떤 약속을 지켜야 할까요?

• 바르게 앉아서 선생님의 말씀을 잘 듣는다.

• 큰 소리로 이야기 하거나 장난치지 않는다.

• 자리에서 일어나거나 돌아다니지 않는다.

○ 모임 장소로 이동한다.

○ 세 학급 어린이들, 선생님들과 함께 인사를 나눈다.

■ 왜 함께 모였을까요?

• 다른 반 선생님, 친구들과 인사를 나누려고 모였다.

■ 무슨 반 어린이들이 모였는지, 선생님들이 누구신지 선생님들의 말씀을 들어보세요.

• 각 학급 이름이 들어 있는 노래(예 : 개나리, 진달래, 무궁화)를 부르며 소개한다.

• 선생님은 ○○○반 △△△선생님이에요. 만나서 반갑습니다.

■ 다른 반 친구들, 선생님과 함께 만나니 어떤 마음이 드나요? 반가운 마음으로 인사를 나누어봅시다.

○ 세 학급의 공통점에 대해 이야기를 나눈다.

만 5세 학급 어린이들 모여 인사나누기

■ ○○○반, △△△반, □□□반은 똑같은 점이 있어요. 무엇일까요?

• 내년에 모두 초등학교에 가는 어린이들이 지내는 반이다.

• 모두 나이가 일곱 살이다.

• 반 이름이 모두 꽃이름이고, 세 글자이다.

○ 세 학급 어린이들이 배운 노래를 함께 부른다. ⓣIP

○ 각 학급으로 돌아 간다.

유의점

■ 본 활동 전날, 각 학급 교사들이 모여서 일정을 협의한다. 활동시간과 내용, 교사 간 역할(예: 사회, 반주, 사진 촬영 등)을 분담하고 모일 장소의 환경을 정비한다.

확장활동

■ 본 활동 전이나 후에 세 학급 어린이들이 함께 실내자유선택활동을 한다. 이때 유아들이 어떤 학급에서 놀이하고 싶은지 스스로 선택하도록 한다.

■ 같은 연령 학급 유아들 간에 친밀감이 유지되고 교우관계가 확장될 수 있도록 연중 다양한 활동(실내자유선택활동, 간식 및 대·소집단활동)을 함께 실시한다.

관련활동

■ 이야기나누기 '다른 학급 친구들과 인사 나누기 II' (150쪽 참고)

이화유치원

ⓣIP 각 반이 따로 노래를 부르는 것보다 세 학급 유아들이 함께 부르면 이화유치원의 구성원으로서 공동체의식을 갖는 데 도움이 된다.

다른 학급 친구들과 인사 나누기 Ⅱ

집단형태
대집단활동

활동유형
이야기나누기

여러 학급이 함께 모여 인사 나누기

활동목표

- 이화유치원에는 여러 학급이 있음을 안다.
- 이화유치원의 친구들, 동생들, 선생님들과 즐겁게 지내며 친밀감과 유대감을 형성한다.
- 이화유치원의 구성원으로서 소속감과 자부심을 갖는다.

활동방법

○ 전원아 모임 장소로 이동하기 전 모임의 취지와 모임 시 지켜야 할 약속에 대해 이야기를 나눈다.

- 이화유치원에는 어떤 반이 있나요?
  - 무궁화반, 진달래반, 개나리반, 다람쥐반, 토끼반, 병아리반
- 유희실에서 여섯 반의 모든 어린이들과 선생님이 함께 모일 거예요. 왜 모이는 것일까요?
  - 이화유치원 어린이들, 선생님들이 다 같이 인사를 나누고 친해지기 위해서 모인다.
- 함께 모여서 우리 반을 다른 반 친구들, 동생들에게 소개해 주고 다른 반의 소개를 듣는 시간을 가질 거예요
- 여섯 반이 함께 모일 때 어떤 약속을 지켜야 할까요?
  - 바르게 앉아서 선생님의 말씀을 잘 듣는다.
  - 큰 소리로 이야기하거나 장난치지 않는다.
  - 자리에서 일어나거나 돌아다니지 않는다.

○ 전원아 모임 장소로 이동한다.

○ 함께 모인 어린이들, 선생님들과 함께 인사를 나눈다.

- 이렇게 이화유치원의 형, 동생 모두가 모이니 어떤 마음이 드나요?
- 반가운 마음으로 인사를 나누어 봅시다.

○ 각 학급의 담임교사들이 차례대로 학급을 소개하고 학급 어린이들이 준비한 노래를 불러준다. **T**IP

- 먼저 ○○○반 선생님께서 나오셔서 각 반을 소개해주실 거예요.
  - 학급의 이름, 연령, 위치를 소개한다.

TIP 유치원 전원아 모임은 다양한 주제로, 연중 지속적으로 실시한다. 본 활동은 이 중 첫 모임으로 유아들이 새로운 환경에 적응해 나가는 시기이므로 교사가 각 학급 소개를 하는 내용으로 프로그램을 구성한다. 학기 중반부터는 유아들이 적극적으로 활동에 참여할 수 있도록 계획한다.

• 학급에서 이루어지는 재미있는 놀이, 활동을 소개한다.
　■ ○○○반 어린이들이 다른반 어린이들을 위해 반가운 마음으로 준비한 노래가
　　있대요. 함께 들어봅시다.
○ 원장 선생님의 말씀을 듣는다.
○ 이화 유치원 어린이들 모두 함께 원가를 부른다.
○ 각 학급으로 돌아간다.

유의점

■ 모임을 마친 후에는 가장 어린 연령 학급 유아들이 먼저 이동할 수 있게 한다.
　유아들이 이동하는 동안 모임 장소에 남아 있는 유아들이 지루하지 않도록 기
　다리는 동안 할 수 있는 손유희, 노래 등을 준비한다.

관련활동

■ 이야기나누기 '이화유치원 조사하기' (154쪽 참고)
■ 노래 '원가' (165쪽 참고)

학급 소개 – 학급 단체 사진

학급 소개 – 유아들이 조사한
학급 환경구성

학급 소개 – 학급에서 키우는 동물 소개

학급 소개 – 재미있었던 활동 소개

유치원 평면도 탐색하기

집단형태

대집단활동

활동유형

수학

활동자료

유치원 건물 사진, 유치원 평
면도  **TIP 1**

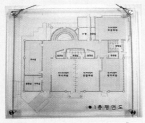

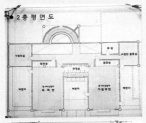

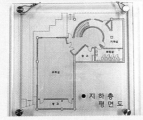

유치원 평면도

TIP 1 평면도에 나온 각 공간
을 맞혀보는 형식으로 활동을 진행
하므로 각 공간의 이름을 보이지
않게 조각 종이 등으로 덮어둔다.

TIP 2 유아들이 다양한 공간
관계를 나타내는 어휘를 사용할
수 있도록 격려한다.

활동목표

■ 유치원 건물 내부의 공간 관계를 안다.

■ 공간관계를 나타내는 어휘를 알고 정확히 표현한다.

■ 유치원의 구성원으로서 소속감을 갖는다.

활동방법

○ 나를 중심으로 다양한 공간에 있는 친구를 찾아보는 주의집중활동을 하며 모여
앉는다.

■ 모두 오른 손을 들어봅시다. 나의 오른쪽 옆에 있는 사람은 누구인가요?

■ 나의 왼쪽 옆에 앉아 있는 사람은 누구인가요?

■ ○○의 앞에 앉아 있는 사람은 누구인가요?

○ 각 학급의 위치를 다양한 방법으로 표현해 본다.

■ ○○○반은 유치원의 어느 곳에 있나요? **TIP 2**

• △△△반 맞은편에 있다.

■ 또 다르게 이야기해줄 사람 있나요?

• 주방 옆에 있다.

• 1층의 맨 끝 방이다.

○ 유치원 평면도를 소개한다.

■ 이 그림을 본 적 있나요?

• 유치원에 들어서면 복도에 붙어있는 그림이다.

■ 이 그림은 무엇을 표시한 그림일까요?

• 유치원의 어느 반이 어디에 있는지를 알려주는 그림이다.

• 유치원의 어느 곳을 찾아갈 때, 그 곳이 어디에 있는지를 알려주는 그림이다.

○ 유치원 평면도를 탐색한다.

■ 이 그림에서 우리반은 어디에 있을까요?

■ 그럼 우리반(○○○반) 옆에 있는 이곳은 어디일까요?

■ 우리반(○○○반) 맞은편에 있는 이곳은 어디일까요?

■ 2층의 이곳은 어디일까요? 왜 그렇게 생각했나요?

○ 유치원 평면도가 필요한 활동을 소개한다.

- 이 그림이 우리에게 언제 필요할까요?
  - 유치원을 조사하러 갈 때 필요하다. TIP 3
  - 유치원에 처음 오는 손님들에게는 어느 반이 어디에 있는지 알 수 있도록 해준다.
- 유치원 평면도를 그려보고 싶은 사람은 방안놀이 시간에 함께 모여 그려보세요.

유의점

- 교사는 유아들과 마주보고 앉은 대형에서 평면도를 탐색하게 되므로 오른쪽, 왼쪽을 반대로 생각해야 한다. 이때 교사는 학급 유아들의 공간관계에 대한 이해 정도를 파악하고 이를 바탕으로 '오른쪽', '왼쪽'의 용어를 '옆'으로 통용하거나, 혹은 반대로 생각해야 하는 이유를 유아들에게 소개한다.

관련활동

- 이야기나누기 '이화유치원 조사하기' (154쪽 참고)
- 신체(게임) '유치원 비상문 찾기' (140쪽 참고)

이화유치원

TIP 3 본 활동은 유치원을 조사하기 위해 모둠별로 건물 내부를 돌아다녀야 할 때 사전활동으로 실시하면 효과적이다.

유치원 평면도 살펴보기

이화유치원 조사하기

집단형태
대집단활동 · 소집단활동

활동유형
사회

활동자료
목걸이 수첩, 필기구

활동목표

- 이화유치원의 특징과 자랑거리를 안다.
- 궁금한 점을 해결하는 방법을 안다.
- 친구들과 협력하는 태도를 갖는다.

활동방법

○ 유치원 조사활동을 소개한다.

- 우리 유치원에 대해 잘 모르는 사람에게 유치원을 소개한다면 무엇을 소개하고 싶은지 생각해 봅시다.
- 소개하고 싶은 것들을 알아 와서 유치원을 소개하는 글과 그림을 만들어볼 수 있어요.

○ 조사할 장소와 조사할 내용에 대하여 의논한다.

- ○○○반에서는 어떤 것들을 알아볼 수 있을까요?
  - 어떤 선생님이 계신지를 알아본다.
  - 몇 살 어린이들이 몇 명 있는지를 알아본다.
  - 어떤 놀잇감이 있는지를 알아본다.
  - 어떤 동물을 키우는지를 알아본다.
  - 어린이들이 어떤 놀이를 좋아하는지를 알아본다.
  - 우리반 모습과 어떻게 다르게 생겼는지를 알아본다.
- ○○실(특별활동실)에서는 어떤 것들을 알아볼 수 있을까요?
  - 무엇을 하는 곳인지를 알아본다.
- 이렇게 궁금한 것, 알고 싶은 것, 소개하고 싶은 것을 계획하고 직접 알아보는 것을 '조사'라고 해요. 우리는 이화유치원의 각 반이나 특별한 곳을 조사해 볼 거예요.

○ 조사방법에 대하여 의논한다.

- 우리가 방금 이야기한 것을 어떻게 알아볼 수 있을까요?
  - 교실 안을 직접 살펴본다.
  - 선생님께 여쭈어보거나 그 반의 어린이들에게 물어본다.
- 조사한 것들을 잊지 않으려면 어떻게 해야 할까요? **T**IP 1

이화유치원 조사하기—복도, 교무실

TIP 1 유아들이 조사활동을 할 때 간단한 기록을 할 수 있는 종이와 필기구를 준비하도록 한다.

• 수첩과 연필을 가져가서 그림으로 그리거나 글자로 쓴다.

○ 조사시 유의점에 대하여 이야기를 나눈다.

　■ 다른 반에 가서 조사할 때 조심해야 할 점에는 무엇이 있을까요?

　　• 노크를 하고 허락을 받고 들어간다.

　　• 교실에 있는 어린이들이 놀이에 방해되지 않도록 조사한다.

○ 조사 장소별로 모둠을 나누고 맡은 곳을 조사한다.

　■ ○○○반은 누가 조사할까요?

　■ ○○실은 누가 조사할까요?

　■ ○○모둠은 선생님과 함께 ○○○반을 조사하고 옵시다. **T**IP 2

○ 교실로 돌아와 조사한 내용을 정리하고 기록한다. **T**IP 3

○ 기록한 자료를 가지고 모둠별로 조사한 내용을 발표한다.

　■ ○○모둠은 어느 곳을 조사했나요?

　■ 무엇을 알아왔나요?

　■ 궁금한 점이 있으면 물어봅시다.

○ 유아들이 기록한 자료를 벽면에 구성한다.

유치원 조사하기 자료 전시

이화유치원

모둠별로 조사한 내용 발표하기

조사한 결과 기록하기

TIP 2　조사할 장소와 역할을 화이트보드에 기록하고, 조사를 다녀온 모둠은 확인 표시를 하도록 하면, 조사활동 상황을 파악하는 데에 도움이 된다.

TIP 3　유아들이 조사활동을 할 때에는 교사가 동행하여 유아들의 안전을 살피고 조사활동에 도움을 준다. 이후 유아들이 조사활동에 익숙해지면 언제까지 돌아올지, 무엇을 조심할지에 대한 약속을 정한 뒤 유아들이 스스로 조사활동을 할 수 있게 한다.

유의점

　■ 유치원에 대하여 조사하기 전, 유치원 홈페이지 탐색을 통하여 조사할 곳과 조사할 내용을 미리 생각해 보는 시간을 갖는다.

　■ 본 활동은 조사 내용 계획하기, 조사하기, 조사 후 기록자료 만들기, 조사한 내용 공유하기 등으로 과정을 세분화할 수 있다. 각 과정은 유아들의 흥미 유지 상태나 주의집중 상태를 고려하여 적절한 시차를 두고 분리하여 활동하도록 한다.

관련활동

　■ 이야기나누기 '이화유치원의 역사' (163쪽 참고)

　■ 노래 '원가' (165쪽 참고)

활동 5 유치원 홈페이지 방문하기

집단형태

자유선택활동 · 대집단활동

활동유형

과학 영역 · 이야기나누기

활동자료

인터넷이 연결된 컴퓨터

이화유치원 홈페이지 –
'유아마당' 중 '재미있는 활동'

이화유치원 홈페이지 –
'유아마당' 중 '친구야 안녕'

활동목표

■ 유치원 홈페이지의 기능에 관심을 갖는다.

■ 유치원의 구성원으로서 소속감을 갖는다.

활동방법

○ 유치원 홈페이지를 방문했던 경험에 대해 이야기를 나눈다.

■ 컴퓨터로 우리 유치원을 소개하는 화면을 본 적이 있나요?

■ 어떻게 하면 그 화면을 볼 수 있을까요?

• '인터넷'을 누르고 주소를 치는 곳에 유치원 홈페이지 주소를 입력한다.

■ 우리가 어떤 곳에 찾아갈 때 그곳의 주소가 필요하듯이, 인터넷에 있는 것을 찾아볼 때도 주소가 필요해요.

○ 유치원 홈페이지에 접속한다.

■ 선생님이 유치원 홈페이지의 주소를 칠게요.

■ 선생님이 주소를 치니까 무엇이 나타나나요?

• 유치원 홈페이지

○ 유치원 홈페이지의 각 메뉴를 살펴본다.

■ 홈페이지에서 무엇을 볼 수 있나요? 메뉴에 써진 글자를 읽어봅시다.

○ 유치원 소개 메뉴를 탐색한다.

■ 무엇을 볼 수 있는 곳인가요?

• 유치원에 대해 모르는 사람에게 소개하는 글과 유치원 사진

○ 공지사항을 탐색한다.

■ '공지사항'이란 무엇일까요?

• 다른 사람들에게 알리는 특별한 일

■ 어떤 공지사항이 있는지 클릭해 봅시다.

■ 집에서 부모님과 함께 유치원 홈페이지를 볼 때에는 공지사항을 꼭 봐야 해요.

○ 유아마당(유아들의 사진이나 글을 게시해 놓은 메뉴)을 탐색한다.

■ 이곳을 클릭하면 무엇을 볼 수 있을까요?

• 우리반 친구들이 유치원에서 지내는 모습이 담긴 사진

• 선생님이나 친구들에게 쓴 편지

- '재미있는 활동' 메뉴에서는 ○○○반 어린이들이 유치원에서 즐겁게 지내는 모습 사진을 볼 수 있어요.
- '친구야 안녕' 메뉴에서는 ○○○반 어린이들이 유치원에서 선생님이나 친구들에게 쓰고 싶은 이야기를 컴퓨터로 써볼 수 있어요.
- 내가 쓴 글이나 친구가 쓴 글을 읽으려면 어떻게 해야 할까요?
  - '친구야 안녕' 메뉴의 글자를 누른다.
  - 글의 제목을 누른다.
- '친구야 안녕' 메뉴의 친구들에게 하고 싶은 이야기를 쓰고 싶은 사람은 선생님과 함께 써 봅시다. 🅣IP

이화유치원

유의점

- 유아들이 컴퓨터로 인터넷을 바르게 사용할 수 있도록 수시로 관찰·지도한다.

관련활동

- 조형 영역 '유치원 그리기' (160쪽 참고)
- 이야기나누기 '이화유치원 조사하기' (154쪽 참고)

🅣IP 유아들이 컴퓨터로 글을 입력할 때에는 교사의 도움이 필요하다. 글자의 자음, 모음이 조합되는 원리에 대하여 이야기하면 유아들이 글자를 익히는 데에 효과적이다.

활동 6 유치원 구성하기

집단형태

자유선택활동

활동유형

쌓기 놀이 영역

활동자료

유아들이 이화유치원에 대하여 조사한 자료, 유치원 모습을 찍은 사진, 유치원 설계도를 만들 때 필요한 종이와 필기구, 자석 벽돌 블록과 같이 단위가 큰 블록, 천, 종이상자, 아크릴판

TIP 크기가 작고 모양이 여러 가지인 블록을 사용하는 것이 정교한 표현에 더욱 효과적이다.

블록으로 유치원 구성하기

활동목표

- 유치원 건물의 형태와 구조에 대해 안다.
- 공간 관계에 대해 안다.
- 쌓기 놀이 영역에 있는 블록의 사용법을 알고 활용한다.

활동방법

○ 이화유치원의 여러 모습에 대하여 알아본 후 실내자유선택활동 시간에 유치원의 겉모습을 블록으로 구성해볼 것을 제안한다.

- 우리 유치원의 겉모습을 살펴봅시다. 어떻게 생겼나요?
  - 초록색 지붕이 두 개 있다.
  - 외벽의 색깔은 흰색이다.
  - 2층으로 지어진 건물이다.
  - 창문이 많다. 앞에서 보면 5개 반의 창문이 보인다.

○ 유아들과 함께 유치원을 구성하는 데 적합한 블록을 찾아본다.

- 우리 유치원을 쌓기 놀이 영역의 블록으로 만들어 봅시다. 어떤 블록을 가지고 만들 수 있을까요?
  - 종이 벽돌 블록이나 자석 벽돌 블록
  - 코코 블록, 레고 블록과 같이 끼워서 고정시킬 수 있는 블록
  - 유니트 블록과 같은 여러 가지 크기, 모양이 있는 나무 블록 등

○ 유아들과 유치원 건물사진을 보며 유치원을 어떻게 만들지 상의하고 유치원을 구성한다. **TIP**

- 문과 창문은 어떻게 표시하면 좋을까요?
  - 그림을 그려 붙인다. 사진을 오려 붙인다.
  - 각 반의 이름을 쓰거나 반을 표시하는 그림을 그려서 붙인다.
- 유치원의 지붕은 어떻게 표현하면 좋을까요?
  - 초록색 천을 드리운다.
  - 종이상자를 펴서 덮거나 아크릴판을 덮는다.

확장활동

■ 유아들이 블록으로 유치원 건물 외곽을 구성한 후, 건물 내부의 구조도 지어볼 수 있다. 내부의 모습을 만들 경우, 유아들이 만드는 데에 참고할 수 있도록 평면도를 보여준다.

관련활동

■ 조형 영역 '유치원 그리기' (160쪽 참고)

■ 이야기나누기 '이화유치원 조사하기' (154쪽 참고)

■ 노래 '원가' (165쪽 참고)

유치원 그리기

소집단활동(약 10명)

조형 영역

다양한 각도에서 찍은 유치
원 사진(정면, 측면, 후면 모
습/아래에서 올려다 본 사진,
위에서 내려다 본 모습), 디
지털 카메라, 그림 그릴 때
필요한 필기구(연필, 색연필,
사인펜 등), 종이

유치원 앞 건물 8층 창가에 서서
유치원 모습 관찰하기

활동목표

- 위치에 따라 물체의 모습이 다르게 보임을 안다.
- 다양한 관점으로 사물을 탐구하는 태도를 기른다.

활동방법

○ 유치원을 여러 각도에서 찍은 사진을 보며 다른 점에 대하여 이야기를 나눈다.

- 이것은 모두 무엇을 찍은 사진인가요?
- 같은 유치원을 찍은 사진인데 왜 모습이 서로 다를까요?
- 어떤 점이 다른가요?

○ 여러 곳에서 유치원의 모습을 관찰할 것임을 이야기한다.

- 모둠별로 다른 곳에서 유치원을 살펴볼 거예요. 관찰한 모습을 그림으로 그리
  거나 사진을 찍어 와서 친구들에게 소개해봅시다.
- 이 모습은 어디에서 바라본 유치원 모습일까요?
- 누가 이곳으로 가서 그림을 그리거나 사진을 찍어올까요?

○ 모둠별로 관찰을 계획한다.

- 위에서 유치원을 내려다 보려면, 어디에 가서 보아야 할까요?
- 유치원 앞의 높은 건물에 갈 때에는 그 건물에 계신 분들께 허락을 받아야 해요.
- 그 곳에서 일하시는 분들께 방해되지 않게 조용히 해야 해요.

○ 자유선택활동 시간에 모둠별로 유치원을 관찰할 곳으로 다녀온다.

○ 다 함께 모여서 모둠별로 그려온 그림이나 찍어온 사진을 감상한다.

- 유치원 건물 중 어디의 모습인가요?
- 어디에서 관찰했나요?

○ 유아들과 함께 그림, 사진을 벽면에 게시한다.

유의점

- 유치원 밖 다른 장소에서 유치원 건물을 관찰할 때에는 사전에 해당 장소의 관
  계자에게 이용 허가를 문의하고 시간을 조정한다.
- 유아들이 건물에서 유치원을 내려다 볼 때 안전사고의 위험이 없는지 교사가
  미리 확인한 후 견학하도록 한다.

확장활동

■ 유아들이 그려온 그림이나 촬영한 사진은 퍼즐 등의 수학 · 조작 교구로 활용할
   수 있다.

관련활동

■ 이야기나누기 '이화유치원 조사하기' (154쪽 참고)

월별 즐거웠던 일 그리기
(회상달력 만들기)

집단형태
자유선택활동

활동유형
조형 영역

활동자료
유아들의 놀이 및 활동을 찍은 사진, 도화지, 크레파스, 사인펜, 색연필, 전지

TIP 그림이 커서 종이의 공간이 부족할 경우, 축소 복사하여 붙인다.

활동목표

■ 유치원은 즐겁고 재미있는 곳이라는 마음을 갖는다.

활동방법

○ 3월을 마무리하면서 유아들과 3월에 있었던 일에 대하여 회상한다.

■ (사진을 보여주며) 무슨 사진인가요? 무엇을 하고 있나요? 어떤 일이 있었나요?

■ 그동안 또 어떤 일이 있었나요? 어떤 일이 가장 기억에 남아요? 무엇이 재미있었나요?

○ 3월에 즐거웠던 일을 그림으로 그린다.

■ 3월 한달 동안 가장 즐거웠던 일을 그림으로 그리고 친구들과 함께 볼 거예요.

○ 교사는 유아들이 그린 그림을 모아서 전지 크기의 종이에 붙인다. 칸을 나누어 주제가 같은 그림은 한 칸에 붙인다. **TIP**

○ 종이 위에 '3월에 즐거웠던 일' 이라고 제목을 쓰고, 칸마다 소제목을 붙인다.

○ 완성된 그림을 전시하고 감상한다.

■ 3월에 즐거웠던 일이 무엇이었는지 친구들의 그림을 살펴 봅시다.

○ 4월이 끝날 때에는 4월에 즐거웠던 일에 대하여 그림을 그리고, 종이에 붙여서 완성할 것임을 알린다.

■ 다음 달은 몇 월인가요?

■ 4월이 끝나는 날에도 4월 동안 재미있었던 일을 그림으로 그릴 거예요.

■ 4월 그림을 3월 그림 위에 붙여 4월 그림을 들추면 3월 그림도 볼 수 있게 할 거예요.

■ 같은 방법으로 5월도, 6월도 즐거웠던 그림을 그려나갈 거예요.

확장활동

■ 학기 말에 유치원에서 즐거웠던 일을 회상할 때 월별 즐거웠던 일 그리기 자료를 활용하여 이야기나눈다.

관련활동

■ 이야기나누기 '놀이 평가하기 I-놀이 평가판에 기분 표시하기' (89쪽 참고)

■ 이야기나누기 '놀이 평가하기 II' (94쪽 참고)

이화유치원의 역사

활동목표

- 이화유치원의 특징과 자랑거리를 안다.
- 이화유치원의 역사에 관심을 갖는다.
- 이화유치원의 구성원으로서 소속감과 자부심을 갖는다.

활동방법

○ 나와 주변 사람들의 나이에 대하여 이야기를 나누며 활동을 도입한다.
- 우리들은 지금 몇 살인가요?
- 그럼 태어난 지 몇 년이 지난 것일까요?
- 태어난 지 얼마 안 된 아기였을 때랑 어떻게 다른가요?
- 엄마나 아빠, 할머니, 할아버지의 연세를 알고 있는 사람이 있나요?

○ 유치원의 나이를 소개하며 예전의 유치원 모습을 상상한다.
- 이화유치원은 몇 살일까요?
- 옛날의 유치원 모습과 지금 우리가 다니는 유치원의 모습이 같을까요?
  - 우리가 자라면서 모습이 변하는 것처럼, 이화유치원도 모습이 조금씩 바뀌었다.
- 옛날 유치원은 어떤 모습이었을까요?
- 또 ○○살이나 된 유치원에서 그 동안 많은 어린이들, 선생님들이 어떻게 지냈을까요?

○ 유치원의 옛날 모습을 사진으로 살펴본다.
- 옛날의 유치원 모습과 유치원을 다녔던 어린이, 선생님의 모습을 사진으로 살펴봅시다.

○ 사진을 보면서 알게 된 점에 대하여 이야기를 나눈다. **T**IP
- 유치원의 옛날 모습에 대해 알게 된 점을 이야기해 봅시다.
- 옛날 유치원과 지금 유치원의 같은 점은 무엇인가요?
  - 교실에서 선생님과 어린이들이 함께 지낸다.
  - ○○ 놀이를 하는 모습이 같다.
  - ○○활동을 하는 모습이 같다.
  - 함께 간식을 먹는 모습이 같다.
- 옛날 유치원과 지금 유치원의 다른 점을 무엇인가요?

이화유치원

집단형태
대집단활동

활동유형
사회

활동자료
이화유치원의 옛날 사진들

이화유치원 옛날 사진들의 예

TIP 유치원 역사에 관한 자료를 감상한 후 유아들이 알게 된 점은 그림을 그리거나 글자로 기록하여 게시한다.

- 유치원 건물이 다르다.
- 한복을 입은 선생님과 어린이들이 많다.
- 놀잇감이 다르다.

○ 사진을 보면서 궁금한 점에 대하여 이야기를 나눈다.
- 유치원의 옛날 모습을 보면서 유치원에 대해 궁금한 점이 생긴 사람이 있나요?
- 혹시 알고 있는 사람이 있나요?
- 우리가 알지 못하는 것들은 다른 선생님들이나 원장선생님께 여쭈어볼 수 있어요.

○ 옛날 어린이들의 놀이장면을 감상한 후, 유아들이 사진에서 본 것 중 몇 가지를 선정하여 놀이해 보도록 한다. 놀이 모습은 사진으로 찍어 옛날 사진과 비교해 볼 수 있도록 벽면에 게시한다.

유의점
- 옛날 유치원에 대한 역사적 지식을 강조하기보다는 지금의 유치원 모습과 어떻게 다른지, 어떤 모습으로 변화해왔고 예전에는 유치원에서 어떻게 지냈는지 등을 유아들이 상상하고 유추하며 비교해볼 수 있도록 지도한다.

관련활동
- 이야기나누기 '이화유치원 조사하기' (154쪽 참고)
- 노래 '원가' (165쪽 참고)
- 과학 영역 '유치원 홈페이지 방문하기' (156쪽 참고)

활 동

10 원가

이화유치원

집단형태
대집단활동

활동유형
노래

활동자료
노래자료, 융판

'원가' 활동자료

활동목표

■ 이화유치원의 구성원으로서 소속감과 자부심을 갖는다.

■ 이화유치원을 대표하는 노래가 있음을 안다.

활동방법

○ 원가에 대하여 설명한다.

　■ 나라마다 그 나라를 대표하는 노래가 있어요. 우리나라의 노래는 무엇일까요?

　　• 애국가

　■ 이화유치원에는 이화유치원을 대표하는 노래가 있어요. 그 노래를 '원가' 라고

　　불러요.

○ 이화유치원을 상징하는 꽃에 대하여 이야기 한다.

　■ 우리나라의 꽃은 무엇인가요?

　　• 무궁화

　■ 이화유치원을 대표하는 꽃은 배꽃이에요. (마당의 배꽃 사진을 보여주며) 이화

　　유치원의 마당에도 배나무가 있어서 봄이 되면 배꽃을 볼 수 있어요.

○ 원가를 만든 이유와 원가를 부를 때의 마음가짐에 대하여 이야기한다.

　■ 원가는 왜 만들었을까요?

　　• 유치원을 사랑하는 마음을 노래로 표현할 수 있도록 만들었다.

　　• 유치원을 대표할 수 있는 노래가 필요해서 만들었다.

　　• 모든 어린이들이 원가를 부르면서 같은 유치원에 다니는 어린이로서 한 마음

　　　으로 사이좋게 지낼 수 있도록 만들었다.

　■ 원가는 어떤 마음으로 불러야 할까요?

　　• 유치원을 사랑하는 마음, 유치원을 아끼는 마음으로 부른다.

　■ 어떻게 불러야 할까요?

　　• 고운 목소리로, 아름답게 부른다.

○ 교사가 원가를 유아들에게 들려준다.

　■ 어떤 노랫말이 있는지 선생님이 노래를 들려줄게요.

○ 노랫말에 대하여 이야기한다.

○ 교사가 노래자료를 이용하여 들려준다.

○ 유아들과 함께 원가를 불러본다. **T**IP

유의점

■ 유아들이 이해하기에 노랫말이 쉽지 않으므로, 원가를 많이 들을 수 있는 환경을 마련해 주고 전이 · 주의집중 시간에 반복해서 불러 익숙해지도록 한다.

관련활동

■ 이야기나누기 '다른 학급 친구들과 인사나누기 II' (150쪽 참고)
■ 사회 '이화유치원의 역사' (163쪽 참고)

악 보

집단형태

대집단활동

활동유형

노래

활동자료

노래자료, 게시판

활동목표

- 이화유치원의 친구들, 동생들, 선생님들과 즐겁게 지낸다.
- 이화유치원의 구성원으로서 소속감과 자부심을 갖는다.
- 이화유치원의 특징과 자랑거리를 안다.

활동방법

○ 유아들의 유치원 생활 모습이 담긴 사진을 함께 감상한다. 사진을 감상할 때 '이화유치원' 노래를 배경음악으로 틀어준다. **T**IP 1

- ○○○반 친구들과 어떤 놀이를 했었나요?
- 또 친구들과 어떤 활동들을 함께 했었는지 기억하기 위해 사진을 준비했어요. 함께 살펴봅시다.
- 친구들과 유치원에서 놀이도 하고, 활동도 함께 하면 어떤 마음이 드나요?
- 이렇게 우리 유치원에서 친구들과 즐겁고 행복하게 놀이도 하고 활동도 하며 지낼 수 있어요.

○ 배경 음악으로 들었던 노래를 다시 들려준다.

- 사진을 보면서 들었던 노래를 한 번 다시 들려줄게요. 우리 유치원을 생각하면서 들어보세요.

○ 함께 노래를 불러본다. **T**IP 2

유의점

- 한 차시에 모든 유아들이 노래를 정확히 부르기 보다는 사진 감상과 더불어 음악을 듣고 즐길 수 있도록 지도한다. 이후 전이 및 주의집중 시간에 반복하여 부르면서 노래를 익힐 수 있도록 한다.
- 이 곡은 밝고 경쾌한 노래로서, 점 8분 음표와 16분 음표로 구성된 부분이 많다. 유아들이 리듬을 잘 살려 부를 수 있도록 교사가 정확하게 불러주어야 한다.

관련활동

- 이야기나누기 '이화유치원 조사하기' (154쪽 참고)
- 언어 영역 '친구 이름 책 만들기' (57쪽 참고)
- 언어 영역 '○○○반 수수께끼 만들기' (41쪽 참고)

TIP 1 김진영의 '우리 유치원' 노래 CD를 활용하거나 노랫말을 각 유치원 실정에 맞게 변형하여 교사가 불러 녹음 한 후 들려준다.

TIP 2 유아들이 우리 유치원에 자부심을 느끼고, 친구들에 대해 호의적인 태도를 가질 수 있도록 긍정적인 분위기에서 밝게 부른다.

이화유치원

작사 · 작곡 김진영

※ 본 곡의 노랫말은 원곡(우리유치원, 김진영 작사 · 작곡)의 "우리 유치원" 부분을 "이화유치원"으로 바꾸어 개사한 것임

활동 12 이화유치원에 꽃 피우기

이화유치원

활동목표

■ 구체물의 수를 센다.
■ 유치원의 구성원으로서 소속감을 갖는다.

활동방법

○ 게임자료를 소개한다.

■ 어떤 게임자료가 있나요?

• 유치원 사진, 돌림화살표, 꽃 그림 조각이 있다.

○ 게임방법을 소개한다.

■ 어떻게 하는 게임일까요?

• 게임을 할 두 명의 사람은 각자 개나리, 진달래 중 한 가지 꽃을 선택한다.

• 누가 먼저 할지 순서를 정한다.

• 화살표를 돌려 나온 수만큼의 꽃그림 조각으로 게임판을 덮는다.

• 게임판이 모두 채워졌을 때, 더 많은 꽃을 채운 사람이 이긴다.

○ 게임을 한다.

○ 평가한다.

관련활동

■ 이야기나누기 '다른 학급 친구들과 인사나누기 Ⅰ' (148쪽 참고)
■ 이야기나누기 '다른 학급 친구들과 인사나누기 Ⅱ' (150쪽 참고)

집단형태
자유선택활동

활동유형
수학 · 조작 영역

활동자료
유치원 사진이 있는 게임판, 꽃 그림 조각 2종류(각각 게임판을 채울 수 있을 만큼의 수) **T** IP , 돌림 화살표, 게임규칙판

'이화유치원에 꽃 피우기' 활동자료

T IP 이화유치원의 학급명인 개나리, 진달래 꽃을 그려 조각을 제작하였다.

1. 주간교육계획안

만 5세 ○○○ 반 주간교육계획안 20○○ 학년도 ○월 ○주	생활주제	즐거운 유치원	주제		나는 ○○○반 어린이 / ○○○반 선생님과 친구들 / 유치원에서의 즐거운 생활 / 유치원에서의 안전한 생활

목표: 유치원에서 이루어지는 다양한 활동에 즐겁게 참여한다. / 유치원의 시설 및 교구를 안전하게 사용하는 습관을 기른다. / 이화유치원의 구성원으로서 소속감과 자부심을 갖는다.

활동	요일/날짜	월(○일)	화(○일)	수(○일)	목(○일)	금(○일)	평가
자유선택활동	쌓기 놀이 영역		•종이 벽돌 블록, 유니트 블록으로 구성물 만들기 •레고 블록 탐색하기				
	역할 놀이 영역		•소꿉상자 활용하여 놀이하기 •여러 가지 재료로 음식 만들기 •손님 초대하고 대접하기				
	언어 영역		•'즐거운 유치원' 생활주제 관련 그림책 읽기 •친구 이름 사전 만들기				
	수학·조작 영역		•'즐거운 유치원' 생활주제 관련 조작 교구하기 •그림 맞추기				
	과학 영역		•사면체 거울 •컴퓨터로 '도기와 개북이' CD-ROM하기				
	조형 영역		•첫 그림 그리기			•재활용품으로 만들기	
	음률 영역		•여러 가지 악기 소리 탐색하기 •전자 피아노 연주하기 •다양한 악기 연주하기 •'모차르트' 음악 감상하기				
	실외 영역		•마당: 조합놀이터, 모래놀이터, 대근육 활동기구에서 놀이하기(소) / 자전거 안전하게 타기 / 도기 관찰하기				
대·소집단활동	이야기나누기	•인사나누기 •간식 •실외 놀이 안전 지도(2집단) •화장실 사용 지도(개별)		•이화유치원 시설 안내(신입원아) •실내자유선택활동 및 정리정돈 평가	•점심 식사 · 점심 식사 평가 I •실외 놀이 안전 지도(PPT)	•점심 식사 평가 II	
	동화·동극·동시			•언제까지나 너를 사랑해(그림)	•엄마, 복음밥 더 주세요(OHP)		
	음악		•반갑다 •진달래, 다람쥐, 봄나들이	•친구들이 좋아하는 노래		•장난감 제자리(동시) •나는 유치원에서(새노래)	
	율동						
	체육						
	게임						
	수학				•물건 전달하기	•이름 부르기(2집단)	
	과학				•컴퓨터 사용		
	사회						
	간식	•참붕어빵 1, 우유		•콩브레드 1, 우유	•유기농시리얼, 우유	•사과1, 배, 치즈1	
	급식			•글자 만들기	•발아현미밥, 쇠고기 당면국, 아욱된장찌개, 시금치나물, 김치	•잡곡밥, 된장국, 소고기메추리알장조림, 시금치나물, 김구이, 깍두기	
	전이·주의집중		•리듬 따라 손뼉 치기		•없어진 물건 찾기	•무궁화, 진달래 및 패턴 만들기	
	귀가지도		•일과평가하기(간식) •선생님께 바르게 인사하기 •가정통신문 나누어 주기	•장 앞에서 겉옷 바르게 입기 •내일부터는 급식을 먹고 2시에 귀가할 것임	•놀이 평가(조형, 개인장 사용하기)	•주말 건강하게 지내고 오기 •9시까지 등원하기	
	급식조력부모	※ ○○○○ 학년도 1학기 개학일 ※ 단축수업(9:00~12:20)	※ 단축수업(9:00~12:20)	※ 단축수업(9:00~12:20)	•○○○, ○○○	•○○○, ○○○	
	비고				※ 정상수업 시작(9:00~14:00)		
	총평						

2. 일일교육계획안

학급명	○○○반 (만 5세)	날짜	20○○년 ○월 ○일 목요일	수업일수	○○/○○○일	담임	원감	원장
생활주제	즐거운 유치원	주제	유치원에서의 즐거운 생활 유치원에서의 안전한 생활 이화유치원	소주제	친구와 즐겁게 놀이하기 안전하게 놀이하기 유치원에 대하여 알아보기			
목표	유치원에서 이루어지는 다양한 활동에 즐겁게 참여한다. / 집단생활에 필요한 약속과 규칙을 잘 지킨다. / 유치원에 대해 조사하며, 이화유치원의 특징과 자랑거리를 안다.								

일일 시간표

9:00~ 등원 및 실내자유선택활동
9:10~ 계획하기 & 노래 '연가'
9:30~ 실내자유선택활동
10:10~ 정리정돈
10:20~ 간식 '찐만두, 둥굴레차'
10:40~ 게임 '모자 엎으로 전달하기'(유희실)
11:00~ 실외자유선택활동
11:40~ 이야기나누기 '이화유치원 조사하기'
12:00~ 점심식사
13:00~ 실내자유선택활동
13:00~ 소집단활동 '이화유치원 조사'(1모둠)
13:50~ 평가 및 귀가지도

시간/활동명	활동목표	활동내용	준비물 및 유의점	평가

9:00~
등원 및
실내자유
선택활동
	• 교실을 살펴보며 새로운 환경에 적응한다.
	• 등원을 하여 해야 할 일을 알고 스스로 한다.
		• 등원 및 인사나누기
		• 배출 이름표 달기
		  - 출석 표시판에 출석 표시하기
		• 언어, 수학ㆍ조작 놀이 영역에서 놀이하기
		• 기본생활습관 지도하기
		  - 하루 일과 알고 생활하기, 실내에서 걸어 다니기, 실내화 바르게 정리하기, 적당한 크기의 목소리로 이야기하기
			* 배출 이름표는 유아 개인장 앞 칸에 두고 유아가 등원했을 때 가슴에 담아에 이준다.	

9:10~
계획하기 및
노래 '연가'
	• 선생님, 친구들과 인사를 나누고 서로에게 관심을 가진다.
	• 하루 일과를 계획하여 기대감을 갖도록 한다.
		◎ 계획하기
		* 쌓기 놀이 영역 카펫에 자유대형으로 모여 앉는다.
		• 자리정돈 및 주의집중 : 배운 노래 부르기(나는 유치원에서)
		• 날씨 및 출석 확인하기
		  - 날짜 및 날씨 알아보기
		  - 오늘은 몇 월 며칠인가요? 무슨 요일인가요?
			• 유아 명단
			• 달력, 날씨표시판, 그림시간표
			• 모양자, 색종이, 가위, 풀, 도화지, 색연필, 사인펜
			• 노래자료, 악보	

시간/활동명	활동 목표	활동 내용	준비물 및 유의점	평가
9:10~ 계획하기 및 노래 '원가'	• 이화유치원의 친구들, 동생들, 선생님들과 즐겁게 지낸다. • 이화유치원의 구성원으로서 소속감과 자부심을 갖는다.	- 오늘 날씨가 어떤가요? • 그림 시간표 보며 일과 계획하기 • 조형: 모양종이로 구성하기 - 색종이에 모양자로 여러 가지 모양을 그린 다음 오리기 - 오린 모양 종이를 붙여서 다양하게 구성하기 - 모양을 만든 다음 필요한 그림을 그리거나 이야기를 적을 수 있음 〈노래 '원가'〉 • 원가 소개하기 - 우리나라를 대표하는 노래를 무엇일까요? (애국가) - 우리 유치원에도 유치원을 대표하는 노래가 있음. 그 노래를 '원가' 라고 부름 - 유치원을 사랑하는 마음을 노래로 표현할 수 있도록 만들었음 • 이화유치원을 상징하는 꽃 소개하기 - 우리나라를 나타내는 꽃은 무엇인가요? (무궁화) - 이화유치원을 대표하는 꽃은 배꽃임. 이화유치원 마당에도 배나무가 있어서 봄이 되면 배꽃을 볼 수 있음 • 원가를 부를 때에 바른 자세 이야기하기 - 원가는 어떤 마음으로 불러야 할까요? (유치원을 아끼고 사랑하는 마음) - 원가를 부를 때 어떻게 불러야 할까요? (고운 목소리로, 아름답게) - 노래자료를 이용하여 교사가 원가 불러주기 • 어려운 단어 이야기하기 - 슬기: 밝고 영특함 - 슬기론 낯: 웃는 얼굴 - 다함께 부르기	* 재원생들은 원가를 이미 알고 있으므로 교사와 함께 부르도록 한다.	
9:30~ 실내자유 선택활동	• 한 가지 재료를 활용하여 다양한 방법으로 만들고 꾸민다. • 블록으로 유치원의 모습과 각 학급의 위치를 나타낸다. • 여러 가지 소품을 활용하여 음식을 만든다. • 인형으로 다양한 상황을 설정하여 극놀이를 표현한다. • 특정 수만큼 구체물을 센다.	• 선택한 흥미 영역에서 놀이하기 [조형] 모양 종이로 구성하기 - 모양자의 여러 가지 모양 탐색하기 - 모양자로 색종이에 여러 가지 모양을 그린 다음 오리기 - 오린 모양 종이를 붙여서 다양하게 구성하기 [쌓기] 여러 가지 블록으로 유치원 구성하기 - 유치원 사진 보며 건물 모습 관찰하고 여러 가지 블록으로 구성하기 - 유치원 내부 구조 이야기하고 설계도 만들기 - 설계도 보며 유치원 구성하기 [역할] 여러 가지 재료로 음식 만들기 - 어떤 음식을 만들지 생각하기 - 역할 놀이 소품 중에서 필요한 재료로 음식 만들기 - 새로 만든 음식을 사진으로 찍어 메뉴판에 넣기 [언어] 인형극장 놀이하기 - 인형극으로 하고 싶은 이야기 정하고 필요한 소품 준비하기 - 역할을 해내 인형극하기 [수학] 조작: '이화유치원에 꽃 피우기' 그림게임하기 - 개나리, 진달래 중 한 가지 꽃 선택한 후 게임 순서 정하기 - 돌림판 돌려 나온 수만큼 꽃을 게임판에 담기	• 조형: 모양자, 색종이, 가위, 풀, 도화지, 색연필, 사인펜 • 쌓기: 네오 블록, 유니트 블록, 레고 블록, 교구 블록 등 • 역할: 여러 종류의 음식 모형, 그릇, 숟가락 등 • 언어: 여러 가지 손인형, 인형극틀 • 수학: 조작: 게임판, 꽃 그림 조각, 돌림 회전표, 게임규칙판	

시간/활동명	활동목표	활동내용	준비물 및 유의점	평가
	• 유치원의 구성원으로서 소속 감을 갖는다.	[과학·컴퓨터] 유치원 홈페이지 탐색하기 - 유치원 홈페이지에 접속해서 각 메뉴 살펴보기 - 우리반 친구들이 지내는 모습 담긴 사진 보기 - 친구들에게 하고 싶은 이야기를 컴퓨터로 쓰기	• 과학·컴퓨터 : 컴퓨터	
10:10~ 정리정돈 및 놀이평가	• 자기가 가지고 놀았던 놀잇감 을 정리할 수 있다. • 친구를 도와 줄 수 있다.	• 자기가 놀았던 영역부터 정리하기 • 다른 영역 정리 도와주기 • 놀이평가하기 - 방안놀이 시간에 어떤 놀이 하기로 계획했었나요? - 계획대로 놀이를 모두 했나요? - 못했다면 왜 계획대로 놀이하지 못했나요? • 놀이 평가판에 표시하기 - 자신의 놀이 평가판을 찾아서 놀이하고 난 기분 표시하기	* 쌓기, 역할 놀이 영역은 5분 전 에 미리 정리정돈 신호를 한다.	

10:20~
간식
간식 '찜만두,
동글레차'
	• 손을 깨끗이 씻는다.
	• 음식을 골고루 먹는다.
	• 간식을 준비해주신 분께 감사 한 마음을 가진다.
		◎ 간식 '찜만두, 동글레차'
		• 화장실에서 손 씻기
		• 간식 먹기
		• 간식을 먹은 후 언어, 수학, 조작, 과학 영역 놀이하기
			- 간식 준비 및 손 씻기 지도 :
			  ○○○ 교사
			- 책상별로 이름 부르기 :
			  ○○○ 교사	

10:40~ 게임 '모자 옆으로 전달하기' (유희실)	• 도구를 이용하여 정해진 방법 대로 몸을 민첩하게 움직인다.	◎ 게임 '모자 옆으로 전달하기' • 자리정돈 및 주의집중 : 달라진 모습 찾기 • 인원의 수 확인하기 • 게임방법 이야기하기 - 어떤 물건이 준비되어 있나요? (모자) - 맨 앞에 앉은 사람이 머리에 모자를 쓰고 손뼉을 한 번 친 다음, 옆 사람의 손에 모자 전달하기 - 다음 사람도 모자를 머리에 쓰고 손뼉을 한 번 친 다음 옆 사람에게 전달하기 - 빨리 모자를 전하는 편이 이김 • 게임할 때 필요한 태도 이야기하기 - 모자를 옆 사람에게 전할 때에는 반드시 손에 전해주기 - 다른 사람이 모자를 전하는 동안에는 자리에 앉아서 열심히 응원하기 • 게임하기 • 게임 평가하기	• 모자 2개, 신호악기	
11:00~ 실외자유 선택활동	• 놀이기구를 안전하게 사용한다. • 실외 놀이규칙을 지키며 놀이 한다.	◎ 실외자유선택활동 • 종합놀이터, 모래놀이터, 대근육 기구에서 놀이하기 • 놀이 기구의 사용방법 규칙 알고 안전하게 놀이하기 • 모래 놀잇감 제자리에 정리하기	* 유아들이 안전하게 놀이할 수 있도록 지도한다.	
11:40~ 이야기 나누기 '이화유치원 조사하기'	• 유치원의 특징과 자랑거리를 안다. • 이화유치원의 구성원으로서 소속감과 자부심을 갖는다.	◎ 이야기나누기 '이화유치원 조사하기' • 자리정돈 및 주의집중 : 이화유치원 여섯 반 표시 자리바꾸기 • 활동 소개하기 - 방안놀이 시간에 유치원 홈페이지에 들어가서 유치원에 대해 알아보았음 - 우리 유치원을 친구들과 다른 사람에게 유치원을 소개하는 글과 그림을 만들 것임 - 이렇게 궁금한 것, 알고 싶은 것, 소개하고 싶은 것을 계획하고 직접 알아보는 것을 '조사' 라고 함 • 조사 장소와 조사 내용 의논하기 - ○○에서는 어떤 것을 알아 볼 수 있을까요? (어떤 선생님이 계시는지, 몇 살 어린이들이 있는 지, 어떤 놀잇감이 있는 지, 어떤 동물을 키우는 지 등)	• 화이트보드, 보드마카펜	

시간/활동명	활동 목 표	활동 내 용	준비물 및 유의점	평가
11:40~ 이야기나누기 '이화유치원 조사하기'		• 조사방법에 대해 이논하기 - 어떻게 하면 조사한 것을 잊지 않을 수 있을까요? (수첩과 연필로 기재가서 그림으로 그리거나 글자로 쓰기) - 조사할 때 유의점에 대해 이야기하기 - 다른 반에 가서 조사할 때 어떤 점을 조심해야 할까요? (노크하고 허락을 받은 다음 들어가기, 다른 어린이들 놀이 방해하지 않기 등) • 조사 장소별로 모둠 나누기		
12:00~ 점심식사 흑미밥, 대구완자탕, 당갑장조림, 볶음나물, 깍두기, 김구이	• 급식방법과 정리방법을 알고 실천한다. • 음식을 골고루 먹는 습관을 기른다. • 바른 태도로 음식을 먹는 습관을 기른다.	◎ 점심식사 '흑미밥, 대구완자탕, 당갑장조림, 볶음나물, 깍두기, 김구이' • 화장실에서 손 씻기 • 자리에 가서 앉기 • 배식대 앞에 줄서기(책상별로) • 배식대에서 식판에 밥, 반찬을 받은 후 자리에 가서 앉기 - 감사 인사 드리기 • 책상 위에 놓여 있는 수저, 물수건을 챙긴 후 밥을 먹을 수 있도록 준비하기 - 기도한 후 점심식사 하기 - 나눠주시는 국 받기 - 즐겁게 식사하기 - 골고루 먹기 - 더 먹고 싶은 반찬이 있을 경우 손들기 • 후식 먹기 • 정리하기 • 양치하기 - 이를 다 닦고 난 후 이 닦기 표시판에 표시하기 • 수하·조작 놀이 영역, 언어 영역, 과학 영역에서 놀이하기	• 배식대 준비 및 점심식사 시 팀 : ○○○ 교사, 급식조리 부모(○○○, ○○○) • 배식 : ○○○ 교사(쥐), 급식 조리부모(밥, 반찬) - 배식 전후 자리 정돈 및 식사 준비 지도: ○○○ 교사 • 국은 유아들이 식판을 가지고 자리에 앉은 후에 나누어주도록 한다. • 유아들이 식사하는 모습을 관찰하고 바른 태도로 골고루 음식을 섭취할 수 있도록 지도한다. • 급식차 및 배식대 정리: 급식 조리부모(○○○, ○○○) • 목걸이 수첩, 필기구	
13:00~ 소집단활동 '이화유치원 조사' 1모둠	• 공동의 문제를 해결하기 위해 친구들과 협력한다.	◎ 소집단활동 '이화유치원 조사하기' (1모둠) • 모둠별로 맡은 장소 조사하기 - 조사하고 싶은 내용 이야기하기 - 조사할 장소에 가서 조사하기 - 조사할 장소에 가서 소개하고 싶은 것을 조사하여 수첩에 기록하기 • 교실에 와서 조사한 내용 정리하고 기록하기 • 조사한 장소의 위치에 따라 조사 내용 전지에 붙이기	- ○○○ 교사 - 교실 : △△△ 교사	
13:50~ 평가 및 귀가지도	• 유치원에서의 하루 일과를 회상해 본다. • 변경된 귀가방법을 알고 실천한다. • 귀가 전에 해야 할 일을 알고 실천한다.	• 하루 일과 평가하기 - ○○○반에서 지내면서 즐거웠던 점 이야기하기 - ○○○반에서 지내면서 속상하거나 불편했던 점 이야기하기 • 귀가방법 이야기하기 - 어제와 같이 유치원 때문에서 귀가할 것 - 귀가 시 지켜야 할 약속 확인하기(질서 지켜자, 선생님이 이름을 불러주는 어린이만 부모님께 가기, 부모님을 봤더라도 바르게 줄 서서 기다리기) • 이름표 정리하기 - 배꽃 이름표 장 제일 윗 칸에 정리하기 - 출석 표시판에서 이름표 정리하기 • 실내화 바르게 정리하기 • 바르게 인사하고 가기	* 귀가 장소가 변경되었으므로 유아들이 혼동하지 않도록 강조하여 이야기한다. * 배꽃이름표는 원외에서 달지 않도록 지도한다. - 귀가 준비 지도: ○○○ 교사 - 귀가장소로 유아 인솔: ○○○ 교사	
비 고				
총평				

참고문헌

김진영(2009). 김진영 동요집. 교문사.

샘 맥브래트니 · 제니퍼 이처스(2008). 미안해. 중앙 M&B.

이기숙 · 김희진 · 이경미 · 이순영(1998). 유아를 위한 소비자교육 프로그램. 양서원.

이은화 · 김순세(1973). 어린이 춤곡. 형설출판사.

이화여자대학교 사범대학 부속이화유치원(1970). 노래동산.

이화여자대학교 사범대학 부속이화유치원(1987). 유아를 위한 즐거운 놀이.

이화여자대학교 사범대학 부속이화유치원(1992). 3, 4, 5세 어린이를 위한 유치원 교육과정 운영의 실제.
① 즐거운 유치원. 교문사.

범국민손씻기운동본부(2008). www.handwashing.or.kr

저자소개

홍용희   이화여자대학교 사범대학 부속이화유치원 원장
              이화여자대학교 사범대학 유아교육과 교수

오지영   이화여자대학교 사범대학 부속이화유치원 원감

강경미   현 이화여자대학교 사범대학 부속이화유치원 교사

곽진이   전 이화여자대학교 사범대학 부속이화유치원 교사

김혜전   전 이화여자대학교 사범대학 부속이화유치원 교사

이누리   전 이화여자대학교 사범대학 부속이화유치원 교사

전우용   전 이화여자대학교 사범대학 부속이화유치원 교사

교육과정 운영의 실제

만 5세 ❶ 즐거운 유치원

2011년 12월 19일 초판 인쇄
2011년 12월 26일 초판 발행

지은이 이화여자대학교 사범대학 부속이화유치원
펴낸이 류제동
펴낸곳 (주)교 문 사

책임편집 성혜진
본문디자인 아트미디어
표지디자인 이수미
제작 김선형
영업 정용섭·이진석·송기윤

출력 아트미디어
인쇄 동화인쇄
제본 한진제본

우편번호 413-756
주소 경기도 파주시 교하읍 문발리 출판문화정보산업단지 536-2
전화 031-955-6111(代)
팩스 031-955-0955
등록 1960. 10. 28. 제406-2006-000035호

홈페이지 www.kyomunsa.co.kr
E-mail webmaster@kyomunsa.co.kr
ISBN 978-89-363-1144-5 (93370)
ISBN 978-89-363-1141-4 (93370) 전 36권

값 16,000원